让孩子学会像科学家那样思考，像

工程师那样发明，像艺术家那样

创作，像各行各业的领军人物

那样为民族发展提供新思想、

新方法和新途径。

探 究 性 教 学 导 引

陈玉琨　　贺优琳　　吴建新◎著

华东师范大学出版社
·上海·

图书在版编目(CIP)数据

探究性教学导引/陈玉琨,贺优琳,吴建新著. —上海：
华东师范大学出版社,2024
ISBN 978 - 7 - 5760 - 4818 - 6

Ⅰ.①探…　Ⅱ.①陈…②贺…③吴…　Ⅲ.①中小学—
教学研究　Ⅳ.①G632.0

中国国家版本馆 CIP 数据核字(2024)第 047556 号

探究性教学导引

著　　者　陈玉琨　贺优琳　吴建新
责任编辑　王丹丹
责任校对　樊　慧　时东明
装帧设计　卢晓红

出版发行　华东师范大学出版社
社　　址　上海市中山北路 3663 号　邮编 200062
网　　址　www.ecnupress.com.cn
电　　话　021 - 60821666　行政传真 021 - 62572105
客服电话　021 - 62865537　门市(邮购) 电话 021 - 62869887
地　　址　上海市中山北路 3663 号华东师范大学校内先锋路口
网　　店　http://hdsdcbs.tmall.com

印 刷 者　上海商务联西印刷有限公司
开　　本　787 毫米 × 1092 毫米　1/16
印　　张　13.5
字　　数　238 千字
版　　次　2024 年 4 月第 1 版
印　　次　2024 年 4 月第 1 次
书　　号　ISBN 978 - 7 - 5760 - 4818 - 6
定　　价　48.00 元

出 版 人　王　焰

目　录

前　言

教育是立足当下,面向未来的事业。教育在全球任何国家都是把自然人转化为社会人的过程,是健全学生人格,提升学生智慧,增强学生体魄,发展学生审美情趣,养成学生劳动习惯,促进学生个性自由而全面发展,成就学生,推动社会文明进步与国家发展的社会活动。

经济发展决定着世界的今天,科学技术决定着世界的明天,教育决定着世界的后天。能否培养一大批创新拔尖人才决定着人类未来 10 年、20 年、100 年乃至更长时间的命运。教育在本质上是一种面向未来的事业,是为未来社会准备人才的社会活动。"为了祖国的明天""托起明天的太阳"等,都是基于这种认识而提出的口号。

然而,在实践中教育又是立足于昨天的活动。课程是人类昨天知识的积累,教材是昨天知识的载体,它们按照昨天知识的内在逻辑组织着学生今天的活动;教师拥有着昨天的知识,在课堂中传授着昨天的技能;学校按照昨天的社会结构和社会规范组织教育教学。在社会发展较为缓慢的时期,"昨天"与"明天"的矛盾并不突出。这种"基于昨天""为了明天"的教育因而也显得较为自然,那些可能的紧张与冲突,在人们悠闲的生产和生活过程中得到释放。

但是,在社会急剧发展的今天,这一矛盾凸显出来了,以至于人们不得不对今天教育的价值产生怀疑:教育究竟要把人们带回昨天,还是要把人们引向明天。教育的这一基本矛盾呼唤教育教学与人才培养模式的创新。

2020 年,广东省中山市迪茵公学应运而生,贺优琳受命出任校长。他不愿意在"内卷"严重的教育环境中,再增加一所平庸的学校。该年初,他约我与吴建新等人一起围绕"办所不一样的学校"的话题随意聊天。在讨论中,大家很快充分认识到:改变教育"基于昨天""为了明天"这一矛盾,改革学校育人过程中重知识、轻智慧这一教育模式的突破口,就是让学生学会探究,为学生探索新知、砥砺心智提供机会与舞台。于是,学校决定成立"科学探究院"。

为保证"科学探究院"的工作不偏离学校育人目标,大家商定先做前期的理论研究,吸收国内外的成功经验,研究各地中小学在开展科学教育过程中的经验和教训,以作借镜。参加讨论的各位委托我编写大纲,他们依纲分头撰写。近四年来,社会发生了极大的变化。根据社会的变化,书稿也不断被推倒重来,本稿与最初设想已经有了很大的不同。

在这将近四年的过程中,本书的编写始终得到了中山市社会贤达李立先生的支持;华东师范大学出版社教育心理分社彭呈军社长对本书的编写也给与了极大的关心,提供了不少极有价值的建议。著者由衷地向他们表示感谢。

需要特别说明,2022 年 11 月 ChatGPT 的横空出世,惊艳全球。中国科学院院士、复旦大学校长金力将由此带来的变革看作是堪比电气化给人类带来的变革,他说:"人类掌握了 AI 技术就像人类学会了发电,AI 也是这个级别的技术和工具,会非常深远地改变人类的生活方式和社会结构。……虽然其负面作用也需要考虑,但我们认为,无论是老师还是学生,都要先具备了解 AI 和用好 AI 工具的能力。"对这一判断,著者深以为然。因而,著者就中小学生科学探究中的问题与 ChatGPT 以及百度的"文心一言"进行多次聊天,在这一过程中收获颇丰。为与各位同仁分享 ChatGPT 给研究工作带来的便利,本书把聊天的部分段落直接引用在了正文中。当然,所引用的部分也一一作了说明。学术规范是学者必须遵守的,科学研究的便利工具也是研究工作者不愿放弃的,在这两者中获得平衡,著者希望先行先试。

陈玉琨

2024 年 1 月

给我最大快乐的，不是已懂得的知识，而是不断地学习；不是已有的东西，而是不断地获取；不是已达到的高度，而是继续不断地攀登。

——高斯

(Johann Carl Friedrich Gauß, 1777—1855)

第一章

探究性教学概述

相信大多数中小学师生对"探究性学习"（Inguiry Learning）这一概念已经不陌生了。1997年上海市推出第二期课程改革，其核心就是提出了以"基础性课程""拓展性课程"与"探究性课程"为特色的框架体系。在我国各级教育行政部门的推动下，进入21世纪以来，我国不少知名中小学积极地开展了这一领域的探索活动，也涌现了一大批在探究性教学（Inguiry Teaching）方面取得了显著成效的学校。由此，2000年教育部中学校长培训中心牵头组织华东师范大学第二附属中学、上海市七宝中学、重庆市第一中学、东北育才学校等共同编著了"研究性学习：多样化模式"丛书，该丛书由《研究性学习概论》等五卷组成。然而，由于种种原因，探究性教学在我国中小学并没有得到普遍的开展。其中的一个重要原因在于，在我国中小学师生与家长中较为普遍存在着下述四个没有回答或解决的问题：

第一，什么是探究性教学，它与教师讲授、学生接受的课堂教学有什么不同？

第二，在中小学开展探究性教学有意义吗？中小学开展探究性教学会不会影响以后学生的中考或高考成绩？

第三，中小学生有能力进行探究性活动吗？

第四，如果要开展探究性教学，作为中小学的学生、教师抑或学生家长，我们需要作哪些努力？

本书试图就上述问题作出回答。本章作为全书的开篇，首先回答前三个问题，后续各章将围绕第四个问题，根据各学科的特点给出一些具体的建议。

1 探究性教学的概念与特点

1.1 探究性教学的概念

探究性学习是一种基于问题,以培养学生的求知欲、好奇心与想象力为出发点,让学生在解决问题的过程中,增长新知、砥砺心智的学习活动。探究性教学则是学校有意识地组织,在教师的激励与指导下,推动学生从自发走向自觉、从个别走向群体、从无序走向有序地开展探究性学习的活动。

探究性学习是"问题导向"的学习。成长中的中小学生,他们对整个世界都充满了好奇。"是什么""为什么"以及"为什么是这样的而不是那样的",在他们小小的脑袋中盘踞大量诸如此类的问题。当年《十万个为什么》成为最受中小学生欢迎的读物,没有之一,其重要原因就是他们头脑中有着太多的"为什么"。探究性学习正是从这一事实出发,让学生在主动探究"疑问之解"的过程中,学会像科学家一样进行探究,把探究过程作为学习过程,在获得科学概念和原理的同时,习得科学的研究方法,培养观察、思考、分析以及创新与创造能力。能否提出新问题、解决新问题、说明新问题以及展示问题解决以后的新成果,成了评价学生的主要标准。

探究性教学以培养学生的求知欲、好奇心与想象力为出发点,以增强学生固有的求知欲、激发学生天生的好奇心与不断发展的想象力为手段,并以他们求知欲、好奇心与想象力的增强为归宿,关注的始终是学生的求知欲、好奇心与想象力。探究性教学认为,学生产生奇思妙想的过程比奇思妙想的结果更重要,学生的求知欲、好奇心与想象力是他们成就自己和服务社会最重要的品质。

探究性教学始终认为:"增长新知"的"新知"可以是人类已知而学生未知的,当然,如果是学生未知,社会也未知的,这更是探究性教学所追求、人们所欢迎的。不过相较于"增长新知"而言,探究性教学更注重学生心智的砥砺。"砥砺心智"包括:鼓励学生敢于质疑、善于迁移、敏于发现、乐于合作的精神;倡导积极向上、永不言败的学习与生活态度;赞赏学生在探究过程中表现出来的不屈不挠、勇于担责的意志品质;等等。

在当代,探究性学习的宗旨是:让学生学会像科学家那样思考,像工程师那样发明,像艺术家那样创作,像各行各业的领军人物那样为社会发展提供新思想、新途径、新方法。这就需要知道科学家是怎样思考的,工程师是怎样发明的,艺术家是怎样创作的,各行各业的领军人物是怎样提出新思想、新途径、新方法的。探究性学习试图让学生在学习过程中明白这些道理,并在实践中亲身获得感悟。

学校在充分认识探究性教学意义的基础上,把蕴藏在学生中那些自发的探究性学习组织起来,把它从个别人的行为转化为群体性的行为,并为此提供空间与时间等方面的支持。

1.2 探究性教学与接受性教学的关系

探究性教学是相对于接受性教学而言的。接受性教学是把人类在千百年发展过程中积累的知识传授给下一代的活动。先哲们以他们独特的智慧将一些自然与社会现象凝练为概念,将自然与社会发展的规律概括为各门学科的原理,并将它们记录下来,传承下去。人类的文明就是这样发展的。我们现在接触到的各门学科是他们分门别类研究的结果,书本则是我们祖先智慧的结晶。人不可能事事都亲身实践与体验。如果人类什么事情都要亲身体验,都从"零"开始做起的话,那么现在的世界和5 000年前的世界就不会有太大的差别,社会也不会有太大的进步。所以,教育最基本的功能是传授知识。教育的重要功能之一,就是让学生在教师的指导下掌握前人的知识。在传统的意义上,教师无疑是知识的掌握者,他们应当也能够设计出让学生最便捷地掌握前人知识的途径、手段与方法。

接受性教学是以间接知识——主要以书本知识的传授为基本任务,以学生在教师的指导下,知识接受得多寡、理解得深浅作为评价学生学习成果的教学。当然,通过学习的迁移、学习后的反思,接受性学习完全可以产生有意义的过程与结果。王建荣在《接受性学习如何有意义?》一文中对此作了深入的研究,①这里不再赘述。

探究性学习是在接受性学习基础上的发展,它在接受知识的同时,也在不断地发现知识、创造知识,这就会大大地加深学生对原有知识的理解,让他们懂得知识与知识之间的关系。以接受性学习为基础,用探究性学习去深化课堂学习的效果,在这一意义上可以说探究性学习是接受性学习的深化与升华,它们相互作用,相互促进,相得益彰。

---

① 王建荣.接受性学习如何有意义?[J].江苏教育,2011(34):51—52.

事实上,接受性学习和探究性学习是相对的而不是相对立的概念。接受性学习为探究性学习奠定了基础。如果没有一定的知识与技能(包括探究自然和社会之谜的知识与技能)为基础的话,任何探究活动都将是低效的,就像人类早期为了在地球上生活下去,不断地探索生存之道一样,进展缓慢且屡屡受挫。"学富五车"是古人对饱学之士的赞语,然而我们知道,在造纸术还未发明之前,文字是刻在竹简、写在兽皮上的。五车的竹简或兽皮能承载的信息绝对不会超过今日人们一天发现的新知的总量。这不是今人比古人聪明,而是今人站在了先人的肩上。知识加速度发展说的就是这一道理。

1.3 探究性学习的特点

相对于接受性学习,探究性学习有以下特点。

第一,探究课题选择的个别性。在我国中小学,开设探究性教学活动应当是面向全体学生,而不只是针对少数智优学生的。我们祖先所倡导的"有教无类"应当是这一时代教育的价值追求。当然,人的智能强项又是各不相同的。为了让每个学生各得其所地发展,探究性学习特别强调"因材施教"。它不同于在规定的时间,在同一教室,面对同一批学生,教师讲授同一内容,布置同一的课后作业。它注重给每个学生以"特权",即根据他们自己的兴趣、爱好、个性与特长选择适合自己的探究课题的权利。这些课题可能是探索星空奥秘,也可能是文学与艺术评论等。学生在这一过程中,有着充分的自主权,并在这一过程中,充分地展现着自己的聪明与才智。

不同的兴趣对孩子未来的发展会有不同的影响。孩子未来的职业发展和生活方向很可能与他们的兴趣爱好密切相关。比如,如果孩子热爱音乐,那么他们可能会选择成为一名音乐家或者音乐教师。如果孩子喜欢科学和技术,那么他们可能会成为一名科学家或者工程师。此外,不同的兴趣还会对孩子的个人性格、思维能力和创造力等方面产生影响。比如,积极参与体育活动能够锻炼孩子的身体,增强他们的自信心,艺术类的兴趣能够培养孩子的创造力和审美能力,阅读和写作能够促进孩子的思维能力和语言表达能力,社交类的兴趣能够帮助孩子建立良好的人际关系和提高社交能力。因此,鼓励孩子多样化的兴趣爱好,可以帮助他们更好地发展自己并在未来找到自己的发展方向。

第二,探究活动过程中学生表现的主动性。探究活动是学生自主开展的活动,在这一过程中,教师应当给学生各种支持与帮助,但这些帮助都应当以建议的方式给予。

在探究活动开展的初期,学校与教师更多地给予学生探究方法论上的指导,给予学生各种原则性的操作指导。根据学生选择的课题,指导学生应当先做什么、后做什么、重点放在何处,等等。放手让学生自己去做,这在探究性教学中有至关重要的意义。学校的探究性教学活动能在多大程度上取得成功,主要取决于学生主观能动性发挥的程度。探究性学习是学生通过独立自主地发现问题,通过实验、调研、收集与处理信息、表达与交流等活动来获得新知的学习,这是探究性学习不同于接受性学习的一个重要方面。

第三,探究结果的不确定性。科学研究是对事物未知本质、性质、变化的原因与规律的探究,其结果具有极大的不确定性。陈景润穷其一生研究"哥德巴赫猜想",最终也只是将"哥德巴赫猜想"的研究推进了一大步。这一事实并没有影响人们对陈景润作为数学家的敬仰。爱因斯坦的相对论至今还在遭受不少人的质疑,但没人敢质疑他是有史以来伟大的科学家之一。

从事探究性学习活动,从最初提出设想到最后设想的实现,中间有着很多变化的因素,最初的设想未能得到实现是常有的事。探究结果的不确定性是这一活动最大的特点,也是世界各国中小学在探究性学习活动评估中普遍采用过程性评估与表现性评估的重要原因。

1.4 探究性学习的历史发展

探究性学习作为一种学习思想,在古代早已有之。当然,作为一种正式的学习形态,它是随着当代社会的发展而提出,并逐步发展起来的。

作为一种学习思想,探究性学习至少可以追溯到《论语·述而》:"不愤不启,不悱不发。举一隅不以三隅反,则不复也。"这就已经包含了让学生自主探究,自己解决问题,在解决问题中以获得真知的思想。古希腊哲学家苏格拉底(Socrates,公元前 469 年—公元前 399 年)主张教师要成为使学生产生新思想的"产婆",要启发学生去寻找正确的答案。法国自然主义教育思想家卢梭(Jean-Jacques Rousseau, 1712—1778)强调学生要学会和掌握研究学问的方法。

近代以来,进步主义教育思想的代表人物杜威(John Dewey, 1859—1952)极力主张学生的经验学习、活动学习和自主探究学习,提出"五步思维法",即将思维的过程分为情境、问题、假设、推论、验证等五步,他认为这是人类思维的一般过程。这种思维方法放在教学上,就成为了"教学五步法"。它对 20 世纪以后的教学理论和实践产生了深刻的影响,也为以后探究性学习的理论研究和具体实践奠定了思想基础。①

美国芝加哥大学教授约瑟夫·施瓦布(Joseph Schwab, 1909—1988)深受杜威思想的影响,他对探究性学习的理论发展与在美国学校中的实践操作都作出了重要贡献。他提出了"探究性教学"的概念,以及"科学即探究""探究中的探究"等一系列命题。他强调,科学是人的科学,科学研究是人参与的研究,因而研究结果是而且应当是"可修正"的。科学知识"可修正性"的特点,决定了它不是绝对不变的。这就如我们所说的,科学研究是一个不断"去伪存真,去粗取精"的过程。为此,施瓦布特别重视学习者通过主动参与科学探究过程来掌握基本概念和探究方法,形成科学态度和科学精神。

几乎与施瓦布提出"探究性教学"同时,哈佛大学心理学教授杰罗姆·布鲁纳(Jerome Seymour Bruner, 1915—2016)于1959年出任美国科学院科学教育委员会主席,主持了著名的伍兹霍尔中小学课程改革会议。尽管布鲁纳领导的美国这场课程改革似乎并未获得完美的结果,但是他认为通过观察、实验和推理来发现新知识是培养学习者创造力和独立思考能力的有效途径。这一观点连同他倡导的学生自觉地、主动地探索科学知识和解决问题,以及"结构课程论"与"发现教学法",始终启迪着世界各国的教育工作者。

在20世纪80年代,奥苏伯尔(David Pawl Ausubel, 1918—2008)根据学生的学习方式,把学习分为接受学习和发现学习,并对它们作了深入的讨论。这些理论的研究成果对探究性学习都起到了十分积极的推动作用。

事实上,纵观世界各国的教育史,古代的教育几乎都是师生一起讨论、共同探究的活动。只是随着时代的发展,教学才从研究中分离出来,以讲授为主业的教师才成为独立的职业。班级授课制出现以后,这一制度在极大地提高教育教学效率的同时,也带来了很多弊病。到了近代,尤其二战以后,注重创新能力培养的探究性学习,才开始重新受到各国政府的重视,并取得了不俗的成绩。在由陈玉琨与程振响合著的《研究性学习概论》(少年儿童出版社2002年版)中,有专章对国外研究性学习与课程的发展作介绍,这里不再重复。

① [美]约翰·杜威. 我们怎样思维·经验与教育[M].姜文闵,译.北京:人民教育出版社,2005.

2 探究性学习的意义

2.1 探究性学习对学生个体发展的意义

探究性学习对中小学生的发展有重要意义,概而言之,其价值至少有四。

第一,它能有效地激发学生的求知欲,而求知欲正是学习得以发生与发展的关键。中小学生对他们生活在其中的周围世界,它们的发生与发展、运动与变化充满了好奇,然而,按部就班的教学与千篇一律的答案,很难满足他们的好奇心。书本知识与实际生活的联系,被做不完的作业所淹没。于是,好奇心的逐步泯灭成了发生在学生身上的大概率事件。学习对部分学生来说,成了一件令人厌倦的事情,"厌学"变为教师必须直面的学生问题。探究性学习则立足于学生的好奇心,以好奇心带动他们的求知欲,以求知欲振奋他们的精气神,使他们感受到"没有比学习更能激动人心的活动了"。为此,他们查资料、搞调研、做实验、写报告,忙得不亦乐乎,然而,内心却被成就感所充盈。由此,学校成为了学生学习的乐园。

第二,它能使学生逐步学会像科学家一样去解决各种问题,并在解决问题中使他们的个性特长得到充分的发展。作为教育工作者,我们知道每个孩子都是不一样的,他们都是独立的存在,每个人都有着自己的兴趣爱好与智能强项。然而,在班级授课制下,尤其是在班级授课制的接受性教学过程中,教师无力顾及学生在身心各方面上的差异,因此只能以"无差别的教学对待有差别的学生",上海市建平中学原校长冯恩洪深刻地指出了这一问题。在目前的学校教育教学条件下,这一问题很难得到很好的解决。探究性学习与此不同,它的活动是因人而异的,解决问题的途径也是各不相同的,因而它给学生个性特长与智能强项的发展留下了极大的空间。

第三,它与接受性学习的结合,能有效地帮助学生加深对原有知识的理解。国内外的理论研究与中小学的实践表明,与接受性学习紧密结合,设计良好的探究性学习有助于学生在各种考试中的表现。

第四,在协同探究中,有利于学生提升团队精神,以及沟通与交流的能力。这种能力对学生融入社会,在社会中生存与发展具有重要意义。孤独、忧虑、自闭等心理问题,在世界各国的中小学生中都不鲜见,这已经引起了各国政府与社会有识人士,以及学生家长的高度关注,积极推行探究性学习是解决这一问题的有效途径。

2.2 探究性学习对社会发展的意义

1988年9月5日,邓小平同志在会见捷克斯洛伐克总统胡萨克时,提出了"科学技术是第一生产力"的重要论断。在1992年南方谈话中,他再次强调:"经济发展得快一点,必须依靠科技和教育。"

科学技术的发展需要人才,人才的培养要依靠教育。教育当然可以是接受性的,也可以是探究性的。接受性学习无疑十分重要,没有接受性学习,社会文明发展就缺少了坚实的基础。

但是,问题在于:我们只能守着祖先的财富,不思进取吗?社会的发展需要薪火相传,每代人都要作出自己的贡献:不断地创造知识,这就需要科学研究;不断地运用知识,这就需要技术发明,如此,社会才能变得更加美好。然而,无论是科学发现还是技术发明,都需要具有高度创新精神与强大创新能力的人才。这种人才"需要从娃娃抓起"。

从时代的发展来看,我们已经进入了21世纪的第三个十年。如今,我国正处在民族复兴的关键时刻,被以美国为代表的西方国家打压成为我们面临的挑战。俄乌战争、巴以冲突等不可避免地将使全球政治、经济与科技版图发生极大的变化,世界在逆全球化基础上将走向更多对抗。产业掉链、科技脱钩、教育交流受阻,将不以我们的意志为转移。当然,业已形成的全球产业链互帮互助、科技互联互通、教育互惠互利、全球共生共赢的局面,倒退也不容易。但是,为保证"一国优先",在一些西方政治家的手中,"逆全球化"绝不是不可能打出的一张牌。禁止向赴美从事科学、技术、工程和数学研究的中国公民发放学生签证,就是他们最新的动议之一。为此,加快我国科学与技术人才的培养是时代的需要。

在这一时代背景下,政治家们担心地缘政治的裂变,经济学家们担心世界经济的衰退,但是,在我们看来,一国有没有、有多少通晓科学技术走向,把握科学技术未来发展、学贯中西、融通各科,能够不忘本来、善于吸收外来、坚持面向未来的人才,他们的视野有多宽、水平有多高,这才是最值得关注的问题。

2019年6月《国务院办公厅关于新时代推进普通高中育人方式改革的指导意见》

特别强调，要"积极探索基于情境、问题导向的互动式、启发式、探究式、体验式等课堂教学，注重加强课题研究、项目设计、研究性学习等跨学科综合性教学，认真开展验证性实验和探究性实验教学"。

2021年6月国务院又发布了《全民科学素质行动规划纲要（2021—2035年）》，文件特别强调："激发青少年好奇心和想象力，增强科学兴趣、创新意识和创新能力，培育一大批具备科学家潜质的青少年群体，为加快建设科技强国夯实人才基础。"为此，要"将弘扬科学精神贯穿于育人全链条。坚持立德树人，实施科学家精神进校园行动，将科学精神融入课堂教学和课外实践活动，激励青少年树立投身建设世界科技强国的远大志向，培养学生爱国情怀、社会责任感、创新精神和实践能力"，"提升基础教育阶段科学教育水平。引导变革教学方式，倡导启发式、探究式、开放式教学，保护学生好奇心，激发求知欲和想象力。完善初高中包括科学、数学、物理、化学、生物学、通用技术、信息技术等学科在内的学业水平考试和综合素质评价制度，引导有创新潜质的学生个性化发展"。

在国务院文件中，探究性学习多次被重申、被强调，正因为它是教育改革之必须，是时代发展之必然，意义重大！

当然，创造知识与运用知识主要是大学的职能，中小学一般并不承担这一职能。然而，大学是建立在中小学基础之上的，如果中小学不能培养出具有创新意识、创新精神，具有初步创造能力的高素质学生，大学的任务就很难完成。青少年期是最具想象力、最有好奇心的人生阶段。在这一时期开发他们的潜力，无疑是最佳的选择。

事实上，邓小平关于科技与教育的论断也是在世界局势变化的基础上作出的。1957年苏联第一颗人造卫星的成功发射震动了美国朝野。他们认为，苏联人造卫星上天标志着美国军事上的落后，其根源在科技与教育。为弥补这一差距，1958年8月美国颁布了《国防教育法》，从立法和经费上大力支持中小学教育改革，要求加强中小学数学、自然科学和外国语这三门课程。这一被称为"新三艺"的课程由此登场。"三艺"（Trivium）原为西方对文法、修辞学、辩证法的总称。"新三艺"则是人们对20世纪50年代美国从独霸全球的目标出发，强化中小学数学、自然科学和外国语三门学科的统称。这些课程在美国中小学受到高度重视，成为冷战中美国增强军事竞争能力的一个重要法宝。美国时任总统艾森豪威尔（Dwight David Eisenhower, 1890—1969）在批准该法时强调："这个法律，大大加强了我们美国的教育制度，使之能满足国家安全所提出的要求。"

星球大战，即在美国总统里根（Ronald Wilson Reagan, 1911—2004）时代推出的
"战略防御计划"（Strategic Defense Initiative，亦称 Star Wars Program，简称 SDI），是
美国在 20 世纪 80 年代拟订的一个反弹道导弹军事战略计划，该计划源于里根在 1983
年 3 月 23 日的一次著名演说。由于疑虑苏联拥有比美国更强大的核攻击力量和导弹
破防能力，美国害怕"核平衡"的态势被打破，因而需要建立有效的反导弹系统，维持其
核优势。尽管后人怀疑，这是里根为拖垮苏联经济而采用的一诱敌战术，但其在教育
变革领域的举措无疑是真实的。在当年次月，由美国高质量教育委员会发表的致美国
人民的公开信《国家在危机中：教育改革势在必行》，在美国引起巨大反响。教育又一
次被当作复兴国家的基本战略。

1986 年，美国国家科学委员会在《本科的科学、数学和工程教育》报告中首次提出
STEM 教育的概念，STEM 是以科学（Science）、技术（Technology）、工程（Engineering）
与数学（Maths）的融合为重点的教育，它的目标在于力求塑造美国下一代的科学技术
领导力。

几乎与此同时，美国制定并实施了"2061 计划"（Project 2061），其目的是使美国儿
童适应 2061 年彗星再次临近地球时科学技术和社会生活的发展变化。

整个计划分三个阶段进行，1989 年第一阶段结束，该阶段所提出的各种报告都认
为，形成科学的世界观、掌握科学的认知方法以及学习科学的基本规律比记忆简单的
结论和知识的细枝末节更为重要。学校教育应当将使学生形成科学的世界观和价值
观以及掌握科学的认知方法作为一项重要而紧迫的任务。课程实施应坚持儿童主体
性原则，即摒弃让儿童学习现成答案的做法，鼓励学生通过亲身实践进行探索、展开批
判性思维、达成理解、加强交流。

1993 年美国形成了"2061 计划"的文献成果——《科学文化标准》，针对 K12 各个
不同年级学生的学习，制定了 12 个主题的原则性标准规范，其中促进全体学生学习是
其特征之一。自称教育总统的布什（George Herbert Walker Bush, 1924—2018）参与
主持制定了《美国 2000 年教育战略》，1990 年 2 月布什签署了《国家教育目标》，从 6 个
方面对美国未来教育的发展进行了规划。依此规划，制定了全国课程标准和课程改革
整体策略，并试图通过对它们的实施，使中小学毕业生能够掌握基本的学术性学科内
容，能够进行独立思考和解决问题，能够善于发现问题并敢于提出和捍卫自己的观点，
能够形成较全面的能力，能够善于理解。其中以美国第四任总统、国家宪法起草人詹
姆斯·麦迪逊（James Madison, 1751—1836）命名的"课程计划"在课程目标中提出，在

英语学科中,从四年级开始,养成学生独立进行批判性阅读的经验和口头作文、评析作品的能力;在理科课程中,要求一年级就开始让学生观察自然、建立图式、提出假设、实验论证,从而使其获得关于人和周围世界的知识。1993 年克林顿(William Jefferson Clinton, 1946—)就任美国新一任总统后宣布了《2000 年目标:美国教育法》(Goals 2000:Educate American Act),提出了 8 项"国家教育目标"。其中与中小学课程改革有关的内容有:在课程上分为课程内容标准和学生操作绩效标准,课程内容标准试图解决学生学什么的问题,而学生操作绩效标准试图解决学生怎么学的问题。美国在《国家科学教育标准》和社会学科标准中,强调科学探究、成功的科学学习和针对标准而进行学习的方法。培养学生在多元文化和全球化中对现实社会问题的多维的或全息的理解、综合认知、探究和解决问题的能力,超常的逻辑选择和判断能力。在此期间,有的学校独立开发了各种不同类型的探究性课程。如布朗理科高中在发给高一新录取的学生的资料袋中,提供了一些探究性课程,供学生选择和确定自己在高中阶段所要研究的课题,学校根据学生的实际情况和选择,批准学生的研究课题并配导师。导师可以是本校教师,也可以是校外的教育工作者、研究人员、企业家和工程师。导师对学生提供资料和方法上的指导。有的学校没有具体设置探究性课程,而是在各类课程中开展探究性学习,其主要方式有:

(1)自然与社会研究。如具有综合性和实践性的"科学、技术、社会"(STS)课程,就是一种主题研究的探究性学习。

(2)设计学习。这是一种由学生自主设计和实际操作的应用性学习课程。设计学习具有一定的创造性和开放性,学生通过创造性地设计和实施一定的主题活动来提高自己应用学科知识的能力。

(3)应用学习。这是一种操作性和针对性较强的着重解决社会生活中面临的实际问题的探究性学习。学生在调查和探究的基础上,获得解决实际问题的技能。有不少学校积极利用因特网开设网上探究性课程,实施在线探究性学习计划。在这类课程计划中,学校给学生呈现一个特定的假想情景或一项任务,即需要解决的问题或需要完成的项目,学生利用因特网所提供的资源,进行信息分析并综合得出创造性的解决方案。至 2000 年 4 月为止,微软公司已开发了 430 节网络课,每一节课都相当于一个研究项目。这些课涵盖自然、社会、个体发展等各个领域,涉及数学、信息技术、语言艺术、科学等 12 个类别。因其结果的开放性,对这类课程的评判往往注重达成结果的创造性,而非标准答案。

2006 年,美国总统布什(George Walker Bush, 1946—   )公布"美国竞争力计划",提出知识经济时代教育的目标之一是培养具有 STEM 素养的人才,随后 STEM 教育从本科延伸到中小学。

2011 年,美国总统奥巴马(Barack Hussein Obama, 1961—   )推出《美国创新战略》,要求加强 STEM 教育。

2012 年,美国政府宣布,未来 10 年内培养 10 万名 STEM 教师,斥资 2 亿多美元推进 STEM 教育。自此,STEM 教育在美国如火如荼地开展了起来。

与此同时,在美国社会的推动下,各知名学校也纷纷推出以 STEM 教育为特色的人才培养项目。比如,哈佛大学就先后开出了包括博弈论、工程原理、计算机编程、机器人、古生物学、飞行学等内容的课程,许多 STEM 网络平台和应用程序也应运而生。

再后来,美国学者充分认识到艺术在创造中的作用,又把 STEM 扩充成了 STEAM,在其中增加了艺术与设计(Art & Design),由此形成了美国特有的 STEAM 体系。

在重视科学技术高素质人才培养问题上,我们不得不说,美国领导人是有着高度自觉的。著有《美国教育史》的威斯康星大学著名教授赫博斯特(Jurgen Herbst, 1928—2013)总结说:"保证下一代受到合适的教育的重任不能依靠碰运气或地方上的努力。"[1]赫博斯特的这句话,含义深刻,发人深省。

3 创新的三种水平与中小学的探究性学习

理解了探究性教学的意义与价值之后,人们就要考虑它在中小学实施的可行性。中小学生有能力开展探究活动吗? 这是不少学校在开展探究性学习时顾虑较多的问题之一。

长期以来,人们一直重视科学发现和技术发明,认为这是人类文明发展过程的组

---

[1] James W. Fraser. Preparing America's Teachers: A History [M]. New York: Teachers College Press, 2007:46.

成部分。确实,科学发现和创造发明非常重要,没有新的发现和发明,人类就不可能发展与进步。

然而,不可否认的是:发现与创造又总是个体(包括个体的结合)的行为。离开个体的发现,就不会有人类的新发现和新发明。个体的发现与发明依赖于个体的想象力与创造力,个体的想象力与创造力越高,发现与发明就可能越多。有不少人始终担心中小学生创造能力不强,从事探究活动有可能事倍而功半。

但是,上述担心忽视了一个重要事实,人的创造能力是可以培养的,也是学校应当重点加以关注的。研究表明,个体的创造力可以分为多种水平。美国心理学家马斯洛(Abraham H. Maslow, 1908—1970)把创造力分为两种:一是"特殊才能的创造力",它是科学家、发明家、作家和艺术家等有杰出才能人物的创造力,由此产生的新思想、新事物是整个人类前所未有的;二是"自我实现的创造力",它是在开发人的自我潜能意义上的创造力。由此产生的新思想、新事物对于社会和他人来说不一定是新的,但对于创造者自己来说是新的。

美国的另两位学者格洛弗(J. A. Glover)和布鲁宁(R. H. Bruning)则进一步指出:创造力最重要的特征是新颖性和有价值。这两个特征根据不同的参照系会有不同的评价。他们认为有三种参照系:个人参照、同等群体参照和社会参照。因此,也就有三种不同水平的创造力:个人水平的创造力、同等群体水平的创造力和社会水平的创造力。

个人水平的创造力指的是,个体在特定领域或任务中表现出的创造力。这种创造力往往与个体的独特性、天赋、兴趣和技能等因素有关。个体出于好奇心,或者对某一现象的疑惑,通过自己动手动脑,而不是通过别人的讲授而获得"新知"。这种"新知"是属于个人的,一般而言,它并不涉及该项创造独特的社会贡献。

同等群体水平的创造力指的是,个体在所属的特定群体或专业领域中表现出的创造力。这种创造力通常受到群体共同的文化、价值观、规则和技能等因素的影响。例如,在某个特定的行业或领域中,一些人可能因为具备独特的技能、知识和经验而表现出卓越的创造力。同等群体水平的创造力往往与某些群体的独特性有关,比如,在我国就有多种类型的中学生技能与创造力的竞赛,这种竞赛为中学生这一群体提供了展现自己才能的舞台。

社会水平的创造力指的是,个体在社会或更大范围内表现出的创造力。在人类发展史上,一些科学家以其独特的才能提出了科学概念,发现了科学原理,有力地推动了社会的发展;一些艺术家创作一大批经典名作,极大地丰富了人们的精神生活,为社会文明进步作出了巨大贡献；还有一批发明家可能因为开发出一种具有创新性的产品或服务而受到社会的广泛认可和赞誉。这种创造力就是社会水平上的创作力。它通常与社会的需求、目标和价值观念相关联。

当然，这三种创造力的高低之分只是相对的，有时是很模糊的。在历史上，曹冲称象就是一直被人们称道的例子。其实在公元前 200 多年，古希腊哲学家、百科全书式的科学家阿基米德（Archimedes，约公元前 287 年—公元前 212 年）在曹冲之前就已经发现了浮力定理。用今人的话来说，曹冲称象只是阿基米德定理的运用与再发现。但是，这并不妨碍至今为止，人们对曹冲聪明才智的赞誉。

更重要的是，这种创造力固然有水平或程度的差异，但它们并没有本质的不同，只要有适当的条件，人的创造力是可以不断提升的，个人水平的创造力与社会水平的创造力在本质上没有不可逾越的鸿沟。我国著名教育家、华东师范大学原校长刘佛年强调："创造可以从低级到高级。知识少、能力不足的幼儿和少年也可以创造，当然那是低级的。很多科学、技术、文学、艺术的创造，需要很多的知识，很强的能力，那是高级的，没有低级的创造习惯，也就不能发展高级的创造。"

在探究性学习的过程中，学生的创造大多属于个人水平的创造力、同等群体水平的创造力，相比社会水平的创造力来说，它们都还属于低级的创造力。但是，正如刘佛年教授所强调的，没有低级的创造习惯，也就不能发展高级的创造能力。探究性学习就是培养学生"低级的创造习惯"，指向发展学生"高级的创造能力"的活动。如果我们认识不到"低级的创造"与"高级的创造"的关系，认为"低级的创造"没水平而否认它的意义，那么可以肯定地说，学生"高级的创造"能力是很难发展起来的。

 探究性活动在学校课程体系中的地位与探究性教学的原则建议

4.1　关于新时期学校培养目标与课程体系的讨论

我们正处在"百年未遇之大变局"与中华民族实现伟大复兴的关键时期。这是一个需要人才，也是人才能充分发挥自己作用的最好时代。教育理应为时代的发展作出自己特殊的贡献。积极开展探究性学习，培养一大批德才兼备的高素质人才是时代赋予教育的神圣使命。

在新时期探究性人才培养目标指向上，我们认为教育工作者需要特别注重以下几点：

第一，敢于质疑，勇于探索。在教育目标的分类中，"创新"无疑是最高阶的目标。我国中小学因"基础扎实"而享誉全球，同样，也因创新能力培养不足而饱受诟病。因而，把创新能力的培养放在人才培养最重要的位置上，应当成为一流学校培养高水平人才的追求。

第二，善于迁移，敏于跨界。世界在最基本架构上其实是相通的。万物本来是综合的，只是因为人类的认知能力不足，才把事物分门别类地加以研究。走向未来的中小学生应当能对各学科融会贯通，善于迁移，敏于跨界，成为复合型的人才。

在现实中，我国的中小学课程设置基本上都是分科的，全能的教师不多，这是复合型人才培养短期内难以克服的制约因素。因而，学校要特别注重在各科教学中培养学生的迁移能力，使学生能融会贯通地掌握各学科的知识与技能，为培养一批复合型人才奠定厚实的基础。

第三，忠于祖国、勤于济世的全球化人才。高水平学校的师生既要有对祖国忠诚，又要有人类命运共同体的理念。今天的中小学生必将是国家百年目标的承担者、实施者与冲刺者。因而，忠于祖国、勤于济世应当成为他们基本的品质。

高质量的教育最根本的是要有一流课程支撑。要实现上述目标，学校就要加强下列课程建设：

其一，扎实高效的基础课。扎实高效的基础课是奠基高质量教育的根本，没有这一根本，高质量的教育只能成为空中楼阁。基础教育当然要重视课程的基础性与全面性，这是基础教育的重要特点，是夯实他们人生发展的根本，是有效开展其他拓展课与探究课质量的保证。任何学校如果有意或无意地忽视基础性课程，无疑是舍本求末，是为学生发展搭建没有根基的空中楼阁。

其二，持续迭代的拓展课。高质量的教育需要有一批高质量的拓展课。人们常说"眼界决定境界"，学生宽阔的视野需要有一批拓展课程来打开，学生的兴趣爱好、个性特征，以及跨界能力将由此得到培养。同时，教学流程再造也在拓展课中先行先试，让人才培养模式得到革新。这里"持续迭代"的含义是：拓展课要紧跟时代潮流，站在科技前沿；要从不同年段的学生实际出发，以他们能接受的方式，把社会发展与科技进步的最新成果展现在他们面前。

其三，注重发展的探究课。探究课程旨在培养学生的探究意识。关于这类课程开设的意义与价值，本章第二节已经有了充分的讨论。

其四，寓教于乐的活动课。兴趣是最好的老师，激发学生的兴趣、爱好和好奇心是学校的重要任务。总有人担心学生贪玩，其实贪玩并不可怕，可怕的是，让学习成为可怕的事。如果学校让学生感到可怕，那么这一学校是没有成功的可能的。寓教于乐的活动课包括艺术、体育、劳动等各类活动，也包括学校组织的各项公益性活动。各类公益性活动对培养学生的社会责任感有着重要作用。

学校课程应当是丰富的。不同类型的课程在培育高水平人才中发挥着不同的作用。其中，探究性课程以学校的基础课、拓展课为基础，并起着深化基础课与拓展课的作用。不同课程都有其独特的作用，在创新人才的培养中发挥着其他课程不可替代的作用，探究性课程尤其如此。

4.2　中小学组织探究性教学活动的原则建议

在实践中，我们看到不少学校的校长和教师都有着开设探究性课程的愿望与推动师生开展各类探究性活动的动力。但是，他们始终担心：学校开展的探究性教学活动能否持续，能否取得预想的效果。

实践表明，在中小学开展探究性教学，关键在于探究性教学的组织，其中包括活动与课题设计、教学活动的实施与成果展示等各项工作。对于探究性活动的组织，各门学科有不同的要求，从本书第四章起，我们将对其作适当的探讨。本部分将对探究性活动设计的一般原则作深入研究。

探究性课题是探究性活动的载体，是探究性活动的"先行组织者"①，所以探究性课题的设计在整个活动中起到了至关重要的作用。实践表明，探究性教学活动的设计需要做到下面五条。

第一，与课堂教学的相关性。课题要有利于深化学生对课堂教学的理解。既定的教育目标是我们开展一切学校活动的基本依据。学校活动的设计不要为体现学校先进的"教育理念"而开展表面热闹，但事实上无助于学校教育目标实现的活动。

这里课堂教学指的是基础性、拓展性与学校开展的活动课的课堂教学。学校在探

---

① 先行组织者（Advance Organizer）是戴维·奥苏贝尔（David P. Ausubel, 1918—2008）提出的命题。先行组织者即先于学习任务本身呈现的一种引导性概念与原理。在探究性学习中，即表现为统摄探究性学习任务的原理与假设。

究性活动的设计中要有整体的、系统的思想与思维，要打通各类课程之间的关系。缺乏整体性的思维，各类课程各走各的路，各唱各的调，学生疲于应付，这只会加重学生的负担，很难真正提高教学质量。

为此，探究的课题应主要来源于课堂，来源于学生真实的学习生活，是对课堂教学与真实的学习生活问题概括性的探究。探究性课题与课堂学习的相关性并不是说，学生应当把相关学科的难题拿来作为研究课题，而是要抓住课堂教学中或者生活中具有较大普遍性的问题，通过自身的探究，从根本上提升思维能力。也就是说，课题要具有概括性与普适性。提升学生的创新精神与思维能力，始终是课题的目标指向。与课堂教学的相关性保证了当学生在解决一类问题，并对这类问题有了本质上的理解时，就能起到探究性活动促进基础性与拓展性课程，基础性与拓展性课程为探究性课程提供基础的作用。它们互联互动，实现互助共赢的目标。

当然，如果我们能将学校各门学科之间的壁垒打通，那无疑是最好不过的事情。然而，如前所述，这有着相当的难度。英国哈罗公学原校长列侬说，"大部分教师是学科专家而不是跨学科专家"，"当学校推行跨学科教学时，学科专家的优势转变为跨学科的劣势，而大部分学校都无法通过自身的力量，迅速培养出跨学科专家"①。这道出了跨学科项目设计的困难所在。所以，在中小学，尤其是在高中教育阶段，对跨学科的项目学习课题的设计要非常谨慎。

第二，注重学生兴趣爱好的个别性。兴趣是最好的老师。探究课题的设立应当充分考虑学生的兴趣爱好，因人而异，给学生更多选择的机会与权利，只有如此才能充分调动学生的主动性与参与的激情。

这里需要强调的是：在基础教育阶段，学生的兴趣是多变的、不稳定的，有着极大的不确定性。为此，作为探究性教学的组织者与指导者，教师一方面要持续地关注学生，在学生的各种兴趣中找到他们相对稳定的兴趣；另一方面则要积极引导学生的兴趣，使他们的兴趣向着社会期待的方向发展。

探究性学习应当是个性化的学习，学生可以根据自己的兴趣和特长自由挑选。学校可以设立"招标课题"，可以设立"推荐课题"，当然，学生也可以自立课题，申报"自设课题"。在探究性活动初期，学校给出的"推荐课题"只是给学生提供一些示范，其目的

---

① 瞿逸冰.大多数创新教育实质上是逃避？英国哈罗公学前校长这样泼冷水[EB/OL].(2021 - 03 - 10)[2023 - 05 - 25]. https://mp. weixin. qq. com/s/lJYfRd4AvLMXEfLdupFILg.

在于引出更符合学生自身特点、他们更有兴趣和更能持续做下去的课题。这些课题可以由学生个体单独完成,也可以由学生群体合作完成。

对于学生从事的中小学探究性学习课题来说,它们虽有难易之分,但没有高低之别。不同的课题是为满足学生不同的兴趣爱好,旨在让学生各得其所地发展。

第三,课题本身的思想性、学术性与对学生综合素质发展的引领性。思想性,这是国家对学校组织的各种教育活动最基本的要求。学校开展任何活动都需要考虑它的思想性,探究性活动也不例外。在文史哲课题的设立中,要尤为关注。

与此同时,探究性活动课题应当充分考虑其内在的学术含量。没有学术含量,只有课题成果表面的光鲜,是无法真正激发学生的求知欲的。当然,这一学术含量应当与学生现有基础相匹配,也就是处在学生的"最近发展区",学生在努力之后,跳一跳就能摘到果子。探究性活动的结果具有很大的不确定性,一些科学大咖在研究过程中,也有失手的时候。所以我们强调:对于探究性活动,过程比结果更重要,学生奇思妙想的过程比奇思妙想最终的结果更重要。但是,对于在校学习的学生来说,确保他们的探究活动有较大概率获得成功,仍然是教师要努力争取的。因为这是学生自我激励与自我强化的过程,是保持学校的探究性学习活动能行稳走远的重要保证。

通过学生思想品质的提升、学生能力的发展,学生综合素养的增强就是自然而然的事情了。

第四,注重不同年段、不同年级探究性课题的差异性。课题之间相互衔接,呈阶梯式、螺旋式的梯度发展,这是教育教学的规律使然,与基础课、拓展课教学内容的安排没有什么两样。这里,本书就不再赘述了。

需要特别强调的是,学校的探究性课题需要持续地更新与迭代,在科学技术领域将前沿高新科技普及化,将人文社会科学领域深度学习普遍化,以全面提升我国中小学生的综合素质。

第五,学生探究的可能性。从理论上来说,任何课题都是可以研究的。但是,在实践中,首先,从学生学习的角度来说,他们已经掌握和在短期内有可能掌握的知识是否足以支撑他们的研究。如果学生没有掌握必备的知识,那么这一课题就有可能超出了他们的能力,是不适合他们研究的。

其次,学生在不同学段的有限时间内是否可研。如果一个课题从启动开始到获得结果需要两三年或以上的时间,显然对高中生而言,这是不现实的,也是不可研的。

再次,学校是否有充分的条件保障他们研究活动的开展。学校的条件也包括学生家庭可能提供的支持、社会提供的帮助在内。如果这些条件很难满足研究需要的话，则属于不可研的。毕竟科学研究需要一定的设施与设备支持，尤其在自然科学的研究中更是如此。

最后，学生研究的安全性是否能得到充分的保障。有些研究在没有有效防护措施的条件下是存在安全风险的，对这类课题要尽量避免。

本章附录：致同学

亲爱的同学：

欢迎你来到探究性学习平台。本平台提供的各类学习资源，与你已经非常熟悉的语文、数学、外语、物理与化学等课程学习资源不一样，它不以掌握具体知识为主要目标，而是要求你自己动手做些什么，让你亲力亲为，在体验中学习，在实践中提升。为方便你的学习，我们在各专题方面已经为你准备了一些相关学科的知识，不过这些知识只是为你的创造与创作提供一些基础。当然，我们确信：你在运用这些知识的过程中对这些相关的知识会有更深刻的理解，在探究能力方面会有较大的提升。

事实上，你以往的学习，我们把它称作"接受性学习"，它是在前人创造的知识与积累的智慧基础上，通过老师的"教"与学生的"学"，以实现人类知识与智慧代际传承的活动。先哲们以他们独特的智慧将一些自然与社会现象凝练为概念，将自然与社会发展的规律概括为各门学科的原理，并将它们记录下来，传承下去。同样，艺术起源于人们对美好生活的向往，表现了他们在生存与发展中的喜怒哀乐。我们的祖先以各种方式将他们对自然的感受与理解，以文字或音乐或舞蹈等各种形式将它们保存下来，传承下去。我们现在接触到的各门艺术形态是他们长期积累的结果，人类的文明就是这样发展的。你现在接触到的各门学科是他们分门别类研究的结果。书本就是我们祖先智慧的结晶。人不可能事事都亲身实践与体验。如果人类什么事情都要亲身体验，都从"零"开始做起的话，那么现在的世界和5 000年前的世界就不会有太大差别，社会也不会有太大的发展。所以，教育最基本的功能是传授知识。接受性学习在传承人类文明方面的作用是非常巨大的。

但是，问题在于，我们只能守着祖先的财富，不思进取吗？社会的发展需要薪火相传，每代人都要作出自己的贡献：不断地创造知识，这就需要科学研究；不断地运用知识，这就产生了技术发明。如此，社会才能变得更加美好。当然，创造知识与运用知识主要是大学的职能，中小学一般并不承担这一职能。然而，大学是建立在中小学基础上的，如果中小学不能培养出具有创新意识、创新精神，具有初步创造能力的高素质的学生，大学的任务就很难完成。你们正处在最具想象力、最有好奇心的人生阶段，在这一时期开发心智的无穷潜力，无疑是最佳的选择。

正是基于这样的认识，本平台以探究性学习为途径，以探究性活动为手段，让你学会像科学家那样思考，像工程师那样发明，像艺术家那样创作，像各个领域的领军人物那样成为国家的"智库"，为民族发展提供真知灼见。本平台希望为你的成长提供一些帮助。

本平台含有三个板块的探究性课题。

第一板块为衔接你所熟悉的各种演示性实验的课题和学校组织的各种综合实践活动，包括五个领域。在这些活动中，你的活动记录包括所见所闻、所思所想和各种感悟，你可以把它们整理成文。

1. 科学小论文。在这一平台上，它期望你能像科学家一样，找到一个自己感兴趣的课题。比如腊肉为什么比鲜肉保质期更长？怎样的膳食结构最为健康？我们能不能自己动手建座大桥？在开展这些研究之前，你需要提出猜想或假设，设置对照组，规范研究线路，直至获得研究结论。

2. 技术小发明。它是对科学研究得到的原理的运用，不需要提出猜想等步骤，但它需要你灵光一现，以奇思妙想创造出一些令人眼睛一亮的小器具。

3. 文艺小创作。它与语文、美术、舞蹈等课程学习紧密相连，深化你在这些课堂上学习的内容。比如把两首诗作比较研究，或用废旧物品创作出时尚的服饰，或与你的同学一起创作一台美轮美奂的歌舞。

4. 史哲小评论。它要求你根据学习与生活中发生的事，作出透彻的分析。比如，在大航海时代，有郑和下西洋与哥伦布发现新大陆，这些历史事件对后世全球政治与经济的发展都产生过重要影响。对世界历史与地理感兴趣的同学就可以在查阅各种历史资料的基础上，对此作出分析，并在此基础上作出评论。这对扩大自己思考问题的视野与提升自己思维的格局都是很有益的。

上面的活动之所以称为"小"，是因为做这些活动需要的时间不长，与你目前的学习差距不大，比较容易上手。做完这些活动，你对研究工作会有一些初步的了解，能为你开展后续的工作奠定坚实的基础。

当然，这与你平时的日记不同，你思维的深刻程度会在这些文字中得到充分的反映，日积月累，你观察问题的视角就会有新的变化、思考问题的深度就有可能得到较大的提高。

你可以把这些成果上传到本平台的"灵感一刻"中，作为自己成长的记录；也可以把它们放在"共享空间"中与同学分享。

第二板块为需要你事前就需要认真规划但结果并不明确的课题,也包括五个领域:

1. 数学探究活动;

2. 自然科学(包括物理、化学、生物、地理与天文等)探究活动;

3. 文学、历史与哲学探究活动;

4. 技术创作与发明活动;

5. 艺术创作探究活动。

如果你对其中哪一板块有特殊兴趣,可以双击该部分的标题,点击后可以看到相关领域的简单介绍,以及在该领域进行研究与学习必需的步骤,需要注意的问题等。

需要说明的是:首先,这些课题没有固定的答案,它欢迎你的奇思妙想,别出心裁。有时候奇思妙想的过程比奇思妙想得到的结果更为重要,它对提升你的创造能力很有帮助。

其次,这些课题都是来自现实社会的,有些甚至来自你的学习与生活。在完成项目的过程中,你解决问题的能力会得到更快的提升,你更能找到服务他人、服务社会的机会和路径。

再次,完成这些课题,上好这些"课"的过程也是个人兴趣爱好发展的过程。在这些项目中,你一定会找到自己最喜欢的活动。也就是说,这些项目都是个性化的,你可以根据自己的兴趣和特长自由挑选。这些课题可以由你自己单独完成,也可以和同学一起合作完成。不过我们相信,如果在老师的指导下,与有共同爱好的同学一起来完成,你会有更多的收获,也能从中得到更多的体验。

幸运的是,在数字化时代,你可以充分利用互联网的便利,在网上收集资料,在网上与老师和同学交流讨论,在网上提交你的各种材料与展示你的学习成果。这将极大地方便你完成项目。

最后,我们相信,完成这些项目对你来说就像玩个游戏,不过这些游戏充满了挑战,有更多的技术含量与需要更多的智力付出。科学家都是充满好奇心的,正是对未知世界的好奇,推动他们探究的冲动与激情。我们期待,在游戏过程中,你能有智慧地玩,玩出智慧;有道德地玩,在玩中完善道德;带着对美的追求去玩,在玩中提升创作美的能力。

第三板块的课题就需要你自己创立了。我们一直认为,做"命题作文"并不是从事探究活动最好的途径,本平台给你推荐的所有课题都是示范性的,它为你走上科学研究、技术发明与艺术创造,成为科学家、工程师、艺术家或国家"智库"的领军人物作出必要的铺垫。

本平台为你的研究提供了一份"申报表",这份"申报表"根据不同研究的实际需要有不同的样式。请你在线填写完成后提交给学校。相信经学校批准后,学校会给你的研究活动提供最大程度的帮助。同时,也请随时记录下你在研究过程中得到的各种数据与心得体会,这对你的未来成长有很大帮助。

我们一直在你身边,很高兴与你一起探讨,共同提高。期待着与你共庆收获的成果。

一切伟大的行动和思想，都有一个微不足道的开始。

——阿尔贝·加缪
（Albert Camus, 1913—1960）

第二章
探究性教学与教师的专业发展

教师是学校的第一资源，当然也是探究性活动组织的重要力量。教师是学校教育教学工作的实际承担者，是学校人群中最主要的部分。更重要的，教师是学校"最难获得或最难替代的要素"。华为创始人任正非的一句名言"用优秀的人去培养更优秀的人"，是很值得我们教育工作者学习与落实的。高素质的人才要靠高质量的教育来培养，而高质量的教育要靠高水平的教师去承担。相较于接受性学习，探究性教学对教师各方面的素养要求更高，只有提高教师的综合素质，学校才有可能开出高质量的探究性课程。

　　为此，本章从讨论探究性教学的基本要求开始，对教师在实践中的发展作深入的研究。

1 探究性教学的基本要求：让教师成为探究者

接受性教学认为，教师是知识的已知者，学生是知识的未知者，所以教师是"教者"，学生是"学者"，这是毋庸置疑的。"学高为师，身正为范"，教师要有高尚的师德、渊博的学识，这是国家对教师最基本的要求，也是绝大多数教师衡量自己行为的标准。关于这个问题，近年来国内有很多专著与论文对此展开了研究，有不少很有见地的成果，对此，本章就不再展开了。

教师是知识的已知者，这是接受性教学得以开展的基本条件，也是教师能成为教师的根本。然而，探究性教学不同，教师只是知识的已知者无疑是远远不够的，教师还要成为"新知"的探究者，这是探究性教学的基本要求。让学生学会探究，教师就要先于他们尝试探究。因而，它必然对教师有新的要求，是否具备这些品质，对学校开展探究性教学的质量有着重要影响。

1.1 探究性教学的理念："享受生活首先要学会享受探究"

教师要成为探究者，就要逐步地树立起"享受生活首先要学会享受探究"的理念，并在实践中，让这一理念成为自己的信仰。事实上，科学探究是一个令人激动、充满幸福的过程。因为探究活动本身就是幸福的；探究过程中的各种奇思妙想令人激动；探究的成果（不管是自己的，还是指导学生获得的）更能使人愉悦，它极大地提升了人的成就感，确证了人生独特的价值。因此，教师要在教学中感受到，并在自身发展过程中反复地确认"享受生活首先要学会享受探究"的意识，树立"教学即探究"的精神。

第一，探究活动本身就是幸福的。美国心理学家马斯洛把人的需要分为五个层次：在最低的水平上，人有生存的需要。只有吃饱了，穿暖了，人才能正常生活，这就是生存的需要。在生存问题得到解决后，人产生了安全的需要。身体不受侵犯，生命不受威胁，这就是安全的需要。作为生活在社会中的人，需要与他人交往，建立感情的联系或关系，由此就产生了归属和爱的需要。在交往中，人希望自己受到他人的尊重，且都有强烈的自尊心,这就是尊重的需要。在这些需要得到满足后,人就希望能实现自己的价值,贡献自己的智慧,得到社会的承认。在马斯洛看来,生存的需要、安全的需要、归属和爱的需要、尊重的需要与自我实现的需要,是有层次的,是从低级向高级发展的。

在我国,绝大多数教师已经摆脱了生存与安全的需要,因而他们应当把尊重的需要、自我实现的需要作为自己人生的目标。在与学生的交往中,在与同行教师的交往中,实现自我价值。作为教师,他们展现自己才能最好的途径无疑是在教育教学中能够不断地创新。不断地重复"昨天的故事",这样的生活对于一个追求自我实现的人来说,简直就是一种折磨,毫无幸福可言。人需要有体面的生活,但更需要有精神充实的人生。把探究未知、发现新知作为自己的追求,不断充实自己的精神生活,这样的人生才是幸福的人生,有滋有味的人生,这样的生活才是幸福的生活,有滋有味的生活。

第二,探究的过程是幸福的。对教师来说,探究的过程也是他们展现自己的聪明才智的过程。在这一意义上可以说,探究过程是一个舞台,在这个舞台上他们可以肆意地展现自己的身手,个人的兴趣、爱好、个性与特长能被学生、学校、家长和社会认可。

当然,教师在选择自己探究的领域和指导学生开展科学探究时,必须要找准自己的专长能得到最充分展现的领域。在选择探究课题的时候,教师要尽可能地选择和自己的兴趣、爱好与特长能有机结合的课题,要努力找到课题和自己的兴趣、爱好与特长的结合点。如果一个课题的研究对研究者来说是痛苦不堪的,是一种折磨的话,那么他就不要选择这个课题。我们相信这个课题对这位教师来说是很难做得很完美的。只有当一项探究活动本身,以及它的每一步、每个阶段的发展对探究者来说都是一种享受时,这个课题才能够做得好。反过来说,这一课题进展的每一步才能真正成为探究者的享受。

同样,在指导学生的过程中,教师的一个重要任务是不断提升学生的人生追求,把他们的人生追求提升到学会创造,勇于创造,把创造当作享受生活、享受人生、享受幸福的这样一种人生境界。

教育应当是充满智慧的。当下我们的教育却成了技术含量很少的体力活。教师靠加班加点,学生靠反复刷题,其结果是体力不支,精神萎靡。这样的教育不可能是高质量的。教育是传递智慧的事业。传递智慧需要有智慧的方式、智慧的手段、智慧的途径,否则,智慧的传递就有可能七折八扣。正是在这一意义上,我们强调:要使教育成为一项充满智慧的事业,就一定要使教和学成为充满探究的活动。教师不应该只是一个教书匠,教师应该是教学活动的探究者,教师不能年复一年地重复自己的教案,要不断研究社会的新问题,研究学生的新特点。在这个基础上创造性地进行教学活动,并带领学生不断地发现新问题,在解决这些问题中获得新知识,提升学校的教育教学质量,促进学生的发展,当然也在这个基础上促进社会的发展。

第三,探究的成果使人感到幸福。著名科学家贝弗里奇(William Ian Beardmore Beveridge, 1908—2006)在其名著《科学研究的艺术》中说过,对于科学家来说,新发现"是人生最大的乐趣之一。它产生一种巨大的感情上的鼓舞和极大的幸福与满足。不仅是新事实的发现,而且对一个普遍规律的突然领悟都能造成同样狂喜的情感"。在这个意义上,探究成果对于探究者来说是一种别人难以分享的享受,因为探究成果能使他感到兴奋,感到自己的人生价值得到了真正的实现。当看到自己在学术探究和指导学生开展探究活动方面做了一点工作,获得了一点进步,取得了一点突破时,相信每个人都会由衷地感到高兴。作为学者看到自己的论文或者专著得以发表,作为实践工作者看到自己在社会实践方面的创造得到了社会的承认,这无疑是一种极大的享受,这种享受不是其他物质的享受可以替代的。由挑战性问题——被自己或自己的学生解决所带来的愉悦难以用语言表达。

有了这一认知,教师就会对自己人生的意义与价值有新的认知,使自己的人生有新的升华。

因此,对于校长来说,塑造校园文化就成了一件非常重要的工作。塑造校园文化就是重塑校园精神,在本质上就是提升教师与学生的价值追求,提升他们的人生期望。把他们的人生期望提升到不断追求探究这样一个高度上来。

1.2 教师即探究者:古代学校的样式

让教师成为探究者,这在古代是不成问题的。古代的学校,不管是我国古代的成均、上庠、东序、右学、学宫、书院,还是古希腊的"学院"(Academy)抑或"学园"(Lyceum),究竟是教学的场所,还是学者们进行探究的领地,是很难精确区分的。这些学校中,教学是在探究的基础上进行的,学术探究的成果也主要依靠教学才能得到传播。其重要的原因之一是当时教学与探究还未能达到充分分化的程度。

经过漫长的中世纪,教学与研究的结合作为一条原则是在柏林大学第一次被提出,并在办学实践中真正贯彻的。但作为一种观念,它的出现则要早一些。法国百科全书派认为，全面地研究人、社会与自然需要自然科学、社会科学的研究和适当的哲学解释为基础。1775年，百科全书派的领袖狄得罗（Denis Diderot，1713—1784）为俄国女皇叶卡捷琳娜二世（Екатерина II Алексеевна，1729—1796）拟订了一份"俄罗斯大学计划"。这里所谓的俄罗斯大学指的是包括初、中、高在内的整个俄国国民教育制度。在这份计划中，他激烈地抨击了当时学校教育中死气沉沉的古典主义和空洞的、咬文嚼字的风气，强调学校要注重学生逻辑和创造精神的培养，提出要用竞赛的方法选拔好的教师，建议吸收知名学者来编写具有当代科学水平的教科书。

在德国，费希特（Johann Gottlieb Fichte，1762—1814）提出教学与科研相结合的思想，其起因同法国百科全书派有惊人的相似之处，都是出于对当时大学的强烈不满。1806年耶拿战争以后，拿破仑（Napoléon Bonaparte，1769—1821）进占柏林。1807年，《提尔西特和约》使普鲁士丧失了近一半的领地。在法军尚未占领柏林的时候，费希特就发表了《告德意志国民》的讲演稿，在柏林作了14次讲演，他呼吁"恢复民族的光荣，先从教育上奋斗！"[①]同时，他发表了一篇大学改革计划书。在这篇计划书中，他在揭露原有大学的缺陷时声称，这些大学教师的讲授只不过是把已有书籍重新排印一下，或者是由教授把一些人人可能看到的书对学生朗诵一遍。他认为，理想的大学不应该是"学习的学校"，而应是一所创造性的"艺术的学校"，教师应指导学生以科学的理性方式去发现新知识。作为大学教授，费希特认为，必须于已有书本之外有自己的一套见解。费希特的这一改革计划书对柏林大学的成立有重要影响。后来，费希特成了柏林大学的第一任校长。[②]

如今，柏林大学的这一条原则已经为世界各国的研究型大学所接受。在我们看来，这一原则对于志在培养创新拔尖人才的中小学来说，也应当成为它们大部分教师的教学信念。

1.3 教师成为探究者的可能性与可行性

"探究"，在不少人眼里是一个很大的字眼，人们把它与"创造"看成一样的东西，非常神圣，以致不少人认为，探究只是少数天才享有的特权。其实，可以把"探究"看得简单一些。无论是创造也好，还是"探究"也好，都是在某一领域或某一方面比别人多走

---

① 瞿葆奎. 孟宪承文集·卷三: 大学教育[M]. 上海: 华东师范大学出版社, 2010.
② 陈玉琨. 教学与科研相统一的原则——历史与现状的比较研究[J]. 高等师范教育研究, 2003(02): 5—10.

一步,早走一步,在自己原有的基础上再走一步。一般来说,人都有创造的冲动,都能在创造中享受幸福。教育要提升人的创造能力,就要从创造活动的这一本质出发,这样才能取得它应有的实效。

创造就是比别人多走一步。在某一领域或某一方面,前人已经走了100步,在这一基础上你走的第101步就是创造,就是你的贡献。立足现实,努力在别人100步的基础上跨出1步,这就是我们的追求。创造不可能一蹴而就,"尽善尽美"只是一个理想。课题研究和实践探索的过程事实上是一个充满遗憾的过程。人们总是遗憾,有许多问题自己一下子解决不了。其实,这是很正常的。社会与自然界的很多问题需要人们逐步地加以认识,一步一步地加以解决。试图一步登天,一下子解决某个领域的所有问题,这是决然不可能的。一步一步地前进,一点一点地积累,这是创造活动的规律。

创造需要智慧,更需要懂得继承。创造总是在继承前人成果的基础上进行的。在理论研究,以及包括学校办学在内的各种社会实践中,有人总喜欢否定前人,否定别人。事实上,在前人、别人基础上的创造是"高起点"的;否定前人与别人的过程就是将探究与实践的基础"归零"的过程,这种活动是"零起点"的,它导致的只是"永远在废墟上重建",在低水平上重复前人或别人的工作。这种人还自以为是地认为自己在不断地"创造",这是非常可悲的。在我国社会科学的研究与社会实践中,这并非鲜见的现象。

继承他人的成果,就要善于发现、欣赏、理解他人的成就,然后在他人的基础上把理论研究或社会实践推向新的阶段。所谓"发现"就是能够看到别人工作的闪光点与创新点;所谓"欣赏"就是发自内心地为他人取得的成就而高兴,为这一领域的新进展而鼓舞;所谓"理解"就是能够充分地把握他人成就的本质,从而为自己探究性的工作找到新起点。

继承他人的成果,接受性教学事实上做的就是这件事。然而,需要强调的是,在探究性教学中,这也不可或缺。查找文献资料做的就是这件事。

创造就是比别人早走一步。比别人多走一步当然还有时间上的要求,因为在科学研究上,从来都是只有冠军没有亚军,争夺的是首创权。如果你跨出的一步落在人家之后,那就在很大程度上失去了它应有的意义,或者说这一步不是你的创造。要多走一步,在时间上就要早走一步。努力使自己在工作上更勤奋一点,这是学者的一个共同特点。我们实践工作者,尤其是我国中小学校长要在教育改革过程中引领教育改革的发展，一定要比别人做出更多的努力，能走得更早，并在走得更早的基础上走得更远，那么我们就能为中国教育，能为社会发展作出自己的贡献。

有不少人希望自己的事业能有"超常规"的发展，用几天的时间来走完别人用几个月，甚至几年才走完的路程。这种心情是可以理解的。然而，何谓"常规"？"常"就是不变，"规"就是规律，超越不变的规律是不可能的。谁试图去超越不变的规律，其结果只能是在规律面前碰得头破血流。因而，"比别人早走一步"也要遵循科学研究与社会实践的客观规律。投机并不一定能取得了巧，最近一些学术造假者纷纷被揭露，得了个身败名裂的下场，这些教训是任何学者都要认真吸取的。

当然，避免别人走过的弯路，这是可能的。因而，"比别人早走一步"，既要比别人走得勤一点，也要努力比别人走得巧一点，在对科学研究与社会实践规律的认识方面要努力比别人更深刻一点。

创造就是在原有的基础上再走一步。所谓创造过程也是一个对自己不断否定的过程，在自己的第101步的基础上跨出第102步，可能别人在你的第101步的基础上已经跨出了第102步，那么我们就要努力再跨出第103步。创造就是这样一个过程。任何创造都不可能在一个早上完成，它是一项需要我们持续不断地努力的事业。否定自己是痛苦的，尤其是在自己的成就已被社会认可之后。然而，没有对自己的否定，就很难有新的突破。

怎么才能使自己比别人早走一步，比别人多走一步，在原有的基础上再走一步呢？事实上，唯有比别人对实践的概括或认识更深刻一点。因为任何理论都来源于实践，没有实践的理论是空洞的，理论指导实践，实践滋养理论。实践为认识问题、概括问题提供了一个良好的基础和条件，使对问题的认识更深刻、更全面。所谓创造就是对实践在认识的基础上的概括，当然理论工作者对理论的建设有着特殊的要求。特殊的要求是什么呢？理论建构的过程是概念化和概念系统化的过程。就是把实践问题提炼成为一个概念，找到问题的本质，用概念去揭示这一本质。这就是理论工作者的任务：把问题和现实事物转化为概念。当然，理论体系的建设不仅仅是概念化，还需要概念的系统化。所谓概念的系统化，就是要找到概念与概念之间的关系。运用概念来反映实践的发展，通过概念来复演实践发生、发展的过程。所以在这个意义上，理论的构建无非就两件事，一是把实践中的问题提炼成概念，使之概念化；二是在这个基础上找到概念和概念之间的相互联系，使概念体系化。概念化和概念体系化可以从本质上、从深刻的规律性上反映事物发生与发展的过程。马克思主义认为，历史的分析和逻辑的分析是一致的。所谓逻辑的分析就是概念的分析,所谓历史的分析就是现实生活发生发展过程的分析,两者是相互联系的。当然逻辑分析更为深刻,它是排除偶然性的历史分析,历史在发展过程中会受到多种偶然因素的影响,作为理论工作者就是要努力排除那些偶然的因素,在这个基础上把握住真正的本质。

当然,"现象是反映本质的,但现象有时会歪曲地反映本质"。如果现象和本质完全一致的话,任何科学研究就没有存在的意义,没有什么价值了。因为本质已经通过现象全部被反映,只要把它总结起来就可以了。在这一意义上,理论工作者的重要任务就是去粗取精,去伪存真。

在某一领域或某一方面比别人多走一步,只要我们遇事勤奋一点,这就能做到;早走一步,只要我们思维敏捷一点,这不难做到;在自己原有的基础上再走一步,只要我们对教师的职责认识得更深刻一点,这本应做到。

2 探究性教学对教师的新要求

探究性教学对教师有两方面的要求:第一,成为好教师;第二,成为探究者。下面,我们将分别对这两方面的要求进行讨论。

2.1 探究性教学对教师知识与技能的要求

作为"传道授业解惑者",教师需要有广博的知识。在教师所需要的知识中,首先是本学科的知识。不同学科的教师,他们的专长各不相同。教师应当成为博学者,学贯中西,博古通今。教师应当在自己所教的领域懂得更多一点,更深一点,更精一点。教师应当懂得本学科所有的知识点,并能清楚地将其表达出来,使学生对其有清晰的了解。这是作为一个教师最基本的品质,如果一个教师连这点都做不到,那肯定是不合格的。

在更高层次上,教师应该对学科逻辑、本学科内所有的知识点之间的联系有深刻的了解,能够通晓概念与概念、原理与原理之间的关系。

什么是学科逻辑?任何学科都是以概念、原理构成的理论体系。它揭示了概念与概念、原理与原理之间的关系。比如,数学,它必然是从"数"的概念出发的。1、2、3、4——就是数,它被认为是不需要定义,也无法定义的(在任何学科都有一个以上的概念是无须定义,也无法定义的),是每个人应该懂的,也就是自明的。然而,"分数"则需要由"数"来定义:当一个数不能被另一个数整除时,于是就出现了分数,如5除以6,人们就得到了一种新的数5/6。小数则是分数的一种特殊类型,所有分数都可以表示成小数,比如3/2=1.5,1/1000=0.001。

懂得这门学科所有概念与原理的教师,我们把他称为"懂"得这门学科的教师。如果他能深刻理解这门学科概念与概念、原理与原理之间的关系,那么他就是"通"这门学科的教师。这两者还是有很大差别的。在这一意义上,我们一直说:"教师水平的高低决定着学生课业负担的轻重。"低水平的教师只让学生在反复刷题中自己去领会概念与概念、原理与原理之间的关系。

事实上,在接受性学习中,教学的效率主要取决于教师。"懂"得这门学科的教师与"通"这门学科的教师在教学效率上差异还是很大的。"通"这门学科的教师能举一反三,使学生一通百通,迅速地建立起"新知"与"旧知"之间的联系,从而强化他们对学科知识的理解。在探究性学习中,这些知识就成了他们从事相关活动的基础。

其次,教师要有关于学科发展史的知识。一部学科发展史记录的就是科学家的奋斗史,从中人们不仅可以看到科学家为探求科学真理而不屈不挠的精神,也可以学到他们探究真理的途径与方法。"学会像科学家那样思考",需要我们了解科学家是怎样工作、怎样思考的,是如何攻克科学难题的。

教育部原副部长(后任商务部部长)吕福源(1945—2004)曾说,课堂教学应当讲清三个问题:知识是从哪里来的,知识是什么,知识到哪里去。遗憾的是,现在的教材,以及课堂教学只讲了"知识是什么",学生却不知道"知识是从哪里来的(即知识是怎样被认识的)",以及"知识到哪里去(即知识在社会生活中是怎么被应用的)"。科学史将告诉我们知识是从哪里来的,告诉我们知识被发现的途径、手段与方法,这对中小学生掌握科学方法论有重要意义。列宁说过:"要继承黑格尔和马克思的事业,就应当辩证地研究人类思想、科学和技术的历史。"①

再次,对学生身心发展规律的认识,尤其是对自己所教学生的认识。当然,仅仅了

---

① 中共中央马克思列宁恩格斯斯大林著作编译局. 列宁全集(第三十八卷)[M]. 北京:人民出版社,1986:154.

解学科,教师对自己的学生却不了解,那也是有着极大的问题。在探究性教学中,特别需要了解学生的以下几个方面。

（1）了解自己所教学段学生的认知特点。比如,在小学,学生在学习过程中是借助于"具象"来认识抽象概念的。没有具象的存在,学生很难形成抽象的概念。而在高中阶段,学生应当具有抽象思维能力,如果在这一阶段学生还必须借助具体的实物才能得到抽象的概念,显然,这是不合格的。在初中,学生正处在认知从"具象"走向"抽象"的中间阶段。教师的重要任务是帮助他们迅速完成这一过程,使其认知能力得到较快的提升。

（2）了解自己所教学生的个性特长。多元智能理论告诉我们,人的智能是多元的,人的智能强项是各不一样的。"扬长避短"才能实现"扬长带短"。冯恩洪特别强调,以往的教育,教师总喜欢"哪壶不开提哪壶",其实这严重违反了学生发展的规律。"强化"即对学生取得的任何一点成绩及时给予鼓励,这对学生成长的意义要远远比"消退"更有价值,更加积极。在探究性教学中,这一点特别值得重视。

（3）了解每个孩子的家庭背景与社会地位。当然,这是一个困难的任务。在现代社会,人们对个人隐私都十分敏感。然而,以恰当的方式了解学生家庭背景对教学很有帮助。

比如,当人们用一个较小的数去减一个较大的数,比如用 5 去减 6 的时候,就会得到一个负数,$5-6=-1$。负数并不需要由分数、小数、有理数和无理数的概念来定义。但它可以用来定义其他对数学来说非常重要的概念,比如,虚数。虚数就是由负数的平方根导出的。分数,我们前面已经谈到过了,它是在一个数不能被另一个数整除时产生的。

在数学上,先讲分数还是先讲负数,这就是因人而异的问题了。对于亲眼见过分家的孩子来说,可能先讲分数他们容易接受,因为他们耳闻过分割家庭财产的问题:父母能从爷爷那里分到几分之几的财产。对于经历过破产困局家庭的孩子而言,可能从负数讲起他们更能理解,因为他们面临过,父母还欠别人多少钱的窘境。

有教无类,因材施教,这是先哲们的教育价值追求,并且在今天我国的教育发展中仍然有着重要的现实意义。针对学生的个性特长,使每个学生都能得到个性自由而全面的发展,应该成为每个教育工作者的向往。

在探究性活动中,探究课题的个别性、可选择性决定了学生从事的课题探究是各不相同的。探究课题在很大程度上和他们的兴趣爱好与个性特长紧密相关。因此,要指导他们包括选题在内的探究活动就一定要了解作为独特个体的"他"和"她",只有这样教师才有可能有针对性地对"他"和"她"的探究课题进行指导。

2.2　探究性教学对教师作为探究者的要求

探究性教学对教师作为探究者的要求包括以下几个方面。

第一,充分理解研究范式,逐步把握科学探究的方法,这是探究性教学对教师作为探究者的基本要求。探究者从事探究活动,或指导学生开展探究活动,就必须懂得并在实践中遵循科学探究的范式。科学探究的范式是通过探究方法、成果的展示方式、学术评价标准体现出来的。关于各门学科特有的探究方法,我们将从第四章开始,结合探究课题对其展开讨论。

第二,学会提出问题,找到科学探究的出发点。科学探究都是从提出问题开始的。如前所述,问题是科学探究活动的先行组织者,它确定了科学探究活动的方向,规定了科学探究活动的范围,为探究者提供了求解问题之谜的动力。人的好奇心,说到底就是急于了解问题谜底的心理。在探究性活动中,"问题"是探究得以开展的源头。没有问题,探究性活动根本就无从开展,没法进行下去。

遗憾的是,在我国中小学,习惯于接受确定性答案的学生,他们的问题意识已经被消磨得快没了,他们天然的好奇心在接受教育的过程中慢慢地被泯灭了。一个关于博士研究生"脱傻"的故事发人深省。故事的主角是一位资深博士生导师与一名新考入的博士研究生。博士生导师接待新考入的博士研究生,于是就有了下面一系列的对话:

博士生导师:"你有什么问题,在读博期间想开展哪一方面课题的研究?"

博士研究生:"我没有什么问题。您有很多课题,我一定做好您的助手。"

博士生导师:"你没有问题来读什么博士?博士是需要有自己创新性的成果才能获得学位的。"

接着,这位博士生导师就让他去找问题。

过了两周,博士研究生再见到导师时说:"老师,我已经找到了想研究的问题了。"接着,他就抛出心中拟定的问题。

导师听完就对他说:"你的这问题,百度一下,就能找到答案。"直接就把这一问题给否了。

又过了两个月,这位博士研究生又找到了导师说:"我已经找到了一个真问题。"然后,就谈了问题以及研究的设想。

导师听完后对他说:"你这个问题,百度里查不到,不过你可以查一下专业书。"并告诉了他那本书的书名。

这种对话反复了几次,时间已经过去了半年多了。

一天,博士研究生兴奋地找到导师说:"老师,我在实验过程中真的发现了一个问题,这一实验的结果与书本上的不一致。我想找到它们之间不一致的根本原因。"

导师听了以后,沉思了一会,说道:"这可能是真问题,很有意思。"并让他再仔细地查阅一下相关资料,完善研究方案,仔细论证。

在谈起这一故事时,这位博士生导师把它称为:帮助博士研究生"脱傻"。在这里"脱傻"的"傻"就是"傻到了脑袋里都没了问题"。"脱傻"的过程就是恢复童真,让他们对世界万物充满好奇心,眼睛看出去都是问题,都想拿来研究一番。当然,在这一过程中,他也学会了选择:知道哪些问题是真问题,在真问题中哪些是值得研究的问题,是有较大研究价值的问题,最终找到自己想研究的真问题。

问题往往需要通过观察来发现,然后再经归纳、类比与联想后提出猜想或假设,最后对猜想或假设进行论证,这才是研究工作的完整过程。

第三,相信自己,勇于在科学探究上迈出一步。科学探究者需要有一点天赋,但是科学探究更多依靠的是与众不同的想法和思路。每个教师都是独特的,要充分发挥自己的独特性,敢于言别人所未言,敢于走别人没走过的路。中小学教师也能创造出自己独特的成果。相信自己,"天生我材必有用",勇敢地迈出科学探究的第一步,哪怕是微不足道的第一步,这一步就会成为教师人生的分界线,成为在科学探究方面实现自己的人生价值的里程碑。

2019年,丁肇中在复旦大学讲过一个故事,他说:"我几乎认识每一位活着的诺贝尔奖获得者,有90多位。其中考试第一名的一个都没有,考最后一名的有几位。创新的特点不是他优秀,而是他的想法与众不同,他愿意去从事。"上海市科技馆馆长倪闵景在转述这一故事后补充说:"这个时代的创新还是要有三个很基本的要求:第一个,要有基本的思维能力;第二个,要有先进的工具;第三个,要有坚韧不拔的行动和毅力。"事实上,坚韧不拔的行动和毅力是人们相信自己能取得成功的最重要的因素。

上述三个品质是教师成为探究者的基本要求。当然,要养成这样的品格,我国中小学教师还有很长的路要走。在后续章节中,结合各个领域的探究活动,我们将对其展开更深入的讨论。

2.3 探究性教学中教师对待学生需要特别注意的几个问题

前面我们已经强调了探究活动的结果有很大的不确定性,因而,教师在指导学生开展探究活动时要学会等待,要敢于留白,更要容忍失败。

(1)学会等待。中小学生还是未成年人,他们的心智还没有成熟,因而他们还需要教师来培养,让他们在接受教育的过程中逐步成熟,得到发展。拔苗助长对孩子的发展是有害无益的,这一浅显的道理,好像谁都懂。但是在今天的学校与家庭中,它恰恰是屡见不鲜的事。学校为了一个功利性的目标而竭尽全力,家长为了在考分的竞赛中获胜而坚决地"不让孩子输在起跑线上",他们不懂得,也不想真正懂得孩子。

人的发展有着自身的规律,一蹴而就很不现实。我们知道分数对于学生是很重要的,即使是为了学生的分数,也要学会等待,等待他们知识扎扎实实地积累,思维一步一步地发展,等待的过程就是让孩子积累知识、发展思维的过程。教育要学会等待,学校才会显得从容不迫,才会显得优雅得体。有一些学校和家庭,事实上已经拒绝了对孩子心智发展规律的承认,为了分数以及竞赛得奖已经迫不及待,试图以各种手段让孩子一步登天,结果只能是适得其反、南辕北辙了。这是需要学校、教师与家长力戒的。

(2)懂得留白。长期以来,很多学校为了追求学生的所谓发展,总是用更多的教学时间、更多的作业、更频繁的测试来占据学生在校的所有时间和空间,学生装满大脑的都是看起来对考试"有用"的内容。在学校满满的安排中,学生没有自己思考、阅读和交流的时间,失去了参与社团活动和进行探究性学习的机会,难有自由生活的空间,更没有再创造的舞台,他们消极地面对,被动地应付。对此,人们不禁想起卢瑟福(Ernest Rutherford,1871—1937)教育学生的一个故事。卢瑟福,1908年诺贝尔化学奖获得者、20世纪20年代英国剑桥大学卡文迪许实验室主任。他几次深夜路过实验室时都看到一名学生在忙实验,于是他就问这名学生白天在干什么,学生回答说,还是在做实验。卢瑟福接着又问,那么你用什么时间来思考?这一师生的对话给了我们很多启示。科学探究更要懂得留白,要让学生有闲暇的时间,思考的时间。正是在这位大师的带领下,他的学生中出了近十位诺贝尔奖获得者。由此,卢瑟福成了后人心目中的大师,这不仅是因为他获得过诺贝尔奖,更是因为他懂得育人的规律,并培养了一大批出类拔萃的科学精英。

(3)容忍失败。科学探究的结果具有高度的不确定性,上一章我们对此已经作了充分的论述。然而,在实践中,常常又会被一些教师遗忘。这些教师总是希望自己指导的学生能顺利地完成既定的探究项目,取得较好的成绩。这种心情是可以理解的,但是科学发展史告诉我们:在科学探究的道路上,失败是常有的事情。屠呦呦提取青蒿素是在失败了190次以后才取得成功的。

在中小学,探究性教学的目标不在于学生取得什么成果,而在于让学生在探究过程中不断提升创新精神,其目标在于提升学生的好奇心、求知欲与想象力。只要这一目标达成了,探究活动就是成功的。这一点是任何正在指导学生进行科学探究活动的教师都必须牢记于心的。

2.4 探究性教学对教师教学语言的要求

把科学语言转化为教学语言,是教师进行课堂教学的基本功。然而,与接受性教学不同的是,教师在探究性教学中,要善于做到"三个转换"。

(1)把科学语言,尤其是学科方法论的语言转化为教学语言。科学语言是严谨的,教学语言则要求简单明了,通俗易通。如何将严谨的科学语言转换为通俗易懂而又不失科学语言的严密性的语言,这在很大程度上就依赖教师的教学艺术了。举例、比喻都是将科学语言转化为教学语言的一种途径与方法。但事实上,在当下的课堂中,乃至在教材里都存在通俗有余而严谨不足的情况。通俗而不严谨,会给学生后面的学习带来困惑。这是需要引起人们高度关注的。

(2)把确定结论的语言转化为引发学生思考的语言。接受性教学是把确定结论教给学生的教学。然而,这并不意味着所谓确定性的科学结论不会被后人补充,甚至被推翻。欧氏几何被非欧几何补充,牛顿力学被量子力学与相对论补充。事实上,任何真理都是相对的、有条件的。教师即使在讲确定性的结论时,也要把自己的教学语言转化为能引起学生思考的语言。

(3)把面向全体的语言转化为面向每一个从事探究性学习的学生个体的语言。在接受性教学中,教师必须把自己的语言转化为面向全体的语言,即全体学生都能听懂的语言。事实上,在大多数情况下,这是做不到的。通过课堂教学使绝大多数学生都能理解科学的概念与原理,这就是一个很好的教师了。然而,在探究性教学中,学生选择的课题各不相同,这就要求教师能针对每个学生的实际需要,针对他们正在从事的探究课题给出恰当的指点。这就像中医一样,对大体相同的病人,普通中医会开出大体相同的药方,但在资深中医那里,大体相同的药方在体质不同的病人前,他会在大体相同的药方中增加些什么或减少些什么。最终的药方还是不同的。

3 教师作为探究者在实践中的发展

探究性教学对于我们大多数教师来说，是一项富有挑战性的新任务，还有很多需要学习的技能。从实际出发，教师提升自身探究性教学的能力可以从以下几方面入手。

第一，紧跟时代步伐，善用智能工具。2022 年 11 月 ChatGPT 横空出世，震惊世人。学生利用 ChatGPT 撰写论文，引发了各国高等学校的高度紧张，由此，各校出台了一系列规定，禁止学生使用 ChatGPT。随后，在仔细地研究了 ChatGPT 对高等教育的影响，发现 ChatGPT 不管对教师教学还是研究都有很大助益时，又纷纷改变了各项规定。

2023 年 2 月 ChatGPT 风靡全球时，哈佛大学曾考虑禁止学生使用这种生成式的人工智能产品。在哈佛大学，一些学生将作业交给 ChatGPT，让机器代写论文。然而，随着 ChatGPT 等生成式人工智能的飞速发展，哈佛大学意识到，一味地禁止无法改变现实，还不如顺应技术潮流，以一种安全的方式将 ChatGPT 整合到教学中以提升教学效率和质量。2023 年 9 月 2 日，哈佛大学最大的学术学院——文理学院，发布了关于在课堂中使用 ChatGPT 等生成式 AI 的指南。帮助老师和学生以安全、可靠的方式使用生成式 AI 产品。

在我国基础教育领域，北京市八一学校常务副校长王华蓓强调，在 AI 时代，"老师从一个知识传授者转变为与学生共同学习的建构者、指导者和陪伴者。过去老师是唯一的知识占有者，但现在学生有不懂的问题和不了解的知识，会去找 AI 问，AI 给出的内容可能更丰富、更全面，而且'无所不知'"。因此，该校"鼓励学生利用 AI 快速完成文献搜索和资料整合"。

有人认为，机器是人造的，它不可能超越人类。其实不然，ChatGPT 的出现表明，人造的机器是有可能超越人的智慧的。1988 年聂卫平在观看第一届世界电脑围棋比赛时说："围棋不止是一种算法，更有很多变化蕴藏在每一次计算里，我认为电脑不具备这种运筹帷幄的能力。"但在看了 AlphaGo 的第一场比赛后，聂卫平改变了看法，AlphaGo 走的很多招式甚至是围棋的定式书上所没有的，而我们的很多顶级职业高手如果想走这一步都要思考很长的时间。"从这一招开始,我立刻就对电脑产生了一种很恐惧的情绪。"为此,聂卫平说:"我应该管它叫'阿老师',因为它在不停地进步,今天的'阿尔法狗'肯定比前几天的厉害。"

上海纽约大学人工智能教授张峥断言,AlphaGo赢棋毫无悬念:"按照AlphaGo的学习规则,一日千里的行军速度,不要说是在过去五个月中进步飞速,即便是把围棋改成3D模式,它也一定会超过人类棋手。因为同一个棋盘,AlphaGo一天可以死上万次,人一天才只能摔几个跟头而已。"

唯一让人类感到庆幸的是:下了三小时围棋,AlphaGo耗电3万度,而李世石只消耗了一顿午餐。

由此,人们可以断定:ChatGPT比人类更有知识,比人类更懂知识,比人类更有资格去传承知识,比人类教师更像教师,如果它愿意的话。

在我国中小学,大多数教师对探究性教学知之不多,所以在指导学生开展探究活动时常有力不从心的感觉。此时,我们可以去请教一下ChatGPT,它会给你一些很好的建议。下面的内容是笔者就"探究性学习"这一课题如何开展研究请教ChatGPT的结果。

如果您想要进行"探究性学习"的研究,以下是一些建议:

1. 确定研究问题:首先,您需要确定您对探究性学习感兴趣的领域或主题。这可以是一个具体学科的问题,也可以是一个跨学科的问题。在确定研究问题时,建议您考虑自己的兴趣和经验,同时考虑当前领域的研究热点和趋势。

2. 收集文献:在确定研究问题之后,您需要收集有关探究性学习的文献。您可以通过图书馆、互联网等途径收集相关文献。在收集文献时,建议您注意文献的来源和质量,同时注意文献的多样性和相关性。

3. 设计研究方案:在收集文献之后,您需要设计研究方案。研究方案应该包括研究目的、研究问题、研究方法、研究对象、数据收集和分析等。在制定研究方案时,建议您考虑研究的可行性和创新性,同时考虑研究的伦理和法律等方面的限制。

4. 实施研究:在实施研究之前,您需要准备相应的研究工具和材料,例如问卷、访谈指南等。在实施研究时,您需要注意研究的严谨性和科学性,同时注意保护研究对象与数据的隐私和安全。

5. 分析数据:在收集到数据之后,您需要进行分析。您可以使用各种统计分析方法,例如描述性统计、因素分析等。在分析数据时,您需要注意数据的代表性和可靠性,同时注意控制变量的影响。

6. 撰写研究报告:在分析完数据之后,您需要撰写研究报告。研究报告应该包括研究目的、研究问题、研究方法、研究结果、结论和建议等。在撰写研究报告时,建议您注意文字的清晰和简洁,同时注意报告的规范和科学性。

最后,建议您在研究过程中保持客观、科学和严谨的态度,同时注意团队合作和交流,提高研究的效率和成果的质量。

这是一份很好的探究性教学的指导纲要。笔者建议有志于从事探究性教学的教师,就自己还不清楚的问题,及时请教 ChatGPT。教师要先于学生掌握 ChatGPT。ChatGPT 的一个重要特点是你可以连续不断地向它提问,直到你可以完成一篇有一定质量的科学论文。

比如,在笔者追问"在当代有哪些人对探究性学习做过研究"这一问题时,ChatGPT 很快就给出了答案:

在教育史上,有许多人对探究性学习做过研究,其中一些具有代表性的人物包括:

约翰·杜威:杜威是美国著名的教育学家和心理学家,他的教育思想对探究性学习的发展有着深远的影响。他提出了"做中学"的理念,认为科学探究是获取知识和理解科学概念的有效途径。

约瑟夫·施瓦布:施瓦布是芝加哥大学的教育学教授,他对探究性学习的发展作出了重要贡献。他提出了"探究学习"的概念,强调学习者通过主动参与科学探究过程来掌握基本概念和探究方法,形成科学态度和科学精神。

让·皮亚杰:皮亚杰是瑞士著名的心理学家,他的认知发展理论对探究性学习产生了重要影响。他认为,通过主动探究和发现来获取知识是儿童认知发展的关键。

布鲁纳:布鲁纳是美国著名的教育心理学家,他提出了"发现学习"理论。他认为,通过观察、实验和推理来发现新知识是培养学习者创造力和独立思考能力的有效途径。

加涅:加涅是美国著名的教育心理学家,他的学习理论对探究性学习产生了重要影响。他认为,学习过程是学习者主动参与信息加工和意义建构的过程,学习者通过探究和发现来获取知识与技能。

以上人物只是探究性学习研究历史上的部分代表人物，他们的思想和理论对探究性学习的发展和应用产生了深远的影响。

当然，你还可以再追问下去，比如，布鲁纳的"发现学习"理论的主要观点是什么，等等。

相信，通过这样的聊天，指导教师可以学到很多，会极大地提升自己指导学生探究学习的能力。更重要的是，即便你与一位高水平的科学家聊天，他告诉你的也只是他个人的经验。然而，与 AI 聊天，它告诉你的可是概括了全人类，各行各业各个学科经过提炼后的原理。也就是说，你是与"人类"聊天，它不会受个体经验的束缚。

不过，这里需要指出的是：向 AI 学习，将学习成果用于指导学生的学科探究是没有问题的。问题在于，如果我们用与 AI 聊天的结果去完成一篇科学探究成果报告，以自己的名义发表，这时就要遵循科学研究的规范。任何人从事科学探究都必须接受学术伦理的约束。它要求你明白无误地在报告中写明，在整个科学探究过程中，哪些是 AI 的贡献，哪些是你的成果，与此同时，要接受严格的同行评议。

第二，寻求专业机构的支持，与专业机构共同成长。这里我们所说的专业机构指的是专门从事某一学科领域教学与研究的机构，并不是从事诸如"项目学习"培训的机构。专门从事某一学科领域教学与研究的机构毕竟有一批对该领域有专门研究的专家，借助这一力量可以使我们更快地了解相关学科的探究活动是如何进行的，技术难点又在哪里，他们是如何攻克这些难关的。他们对该领域的研究有深厚的功底，对指导学生进行探究活动有独到的见解，学术和技术含量高。无论是教师还是学生都会从中受益。比如，江苏省苏州市冷泉港亚洲 DNA 学习中心就是专门从事生命科学技术探究活动的机构，自 2015 年成立以来，该机构积极承担了苏州市"小小生命科学家培养计划"，学生在那里开展的生命探究活动，成效显著。目前，他们也对全国开放，接受教师与学生生命科学探究活动的培训工作。

第三，同行交流。我国大多数学校的教师并不是很擅长探究性教学，大家都在积极地探索之中，因而，相互学习交流就显得更为重要。同为中小学，在探索过程中大多会遇到一些相同的问题。比如，学生选择了他认为很有前景的课题，教师也认可了，但是学校缺乏相应实验的设施设备。推翻这一课题有可能挫伤学生的积极性，而开展这项探究活动学校的条件并不支持，在短期内这一问题一时还无法解决。我们相信，先行一步的学校都会遇到这样的问题。这一问题，无论是 AI 还是专业研究机构都无法给你提供指导意见，此时同行学校在处理这些问题时的经验就显得弥足珍贵。

在有相同理念的学校之间，建立伙伴关系，或者利用共享平台，经常性地交流信息，共同探讨在探究性教学上遇到的问题，这无疑是很好的教师专业发展的途径。虚怀若谷，不耻下问，尊重同行，提升自己，这是现代教师在探究性教学中应有的品质。

第四，自我反思。对于教师来说，反思是在实践基础上提升自己最有效的途径。任何发展都是自我发展，没有内生的动力，没有自己的努力，任何外在的帮助都是很难起到效果的。教师专业发展最重要也最好的途径，就是教师不断地反思，找到自己在指导学生的探究活动中还不够好的方面，并针对这一问题努力找到改进的方案，从而逐步提升自己的指导水平。好的教学方法是在实践中不断摸索而逐步形成的。这不仅适用于接受性教学，同样也适合于探究性教学。在探究性教学中，有教师发现："问题"是引发学生深度思考的催化剂。在这之后，他就在指导环节中设计了大量的问题，结果发现过多的提问，引起了学生"问题疲劳"。这就要引起我们的注意："问题"是引发学生深度思考的催化剂，这一命题是否真的成立？如果能够成立，"问题疲劳"是怎样产生的？是提问的量太多，还是提问的质太低，或者两者兼而有之。只有这些问题全都弄清楚了，人们的认识才能得到提高，思维才能得到深化与升华。

马克思主义认为，任何真理都是具体的、相对的、有条件的。在一个学校能取得成效的经验未必在另一学校能取得成效。比如，"接受性学习与探究性学习相互促进"是不少学校在实践中得到的认识，我们如果将这一认识当作普遍的规律在一区域范围内推广，就会发现事实并非如此，在有些学校探究性学习不仅没有带动接受性学习，相反倒是占据了大量本来用于接受性学习的时间，学生的学习成绩不升反降。这说明，"接受性学习与探究性学习相互促进"是有条件的。这些条件至少包括：

（1）学校有一批有格局的校级领导，他们对我国基础教育存在的问题有较为清晰的认识，能够投身我国基础教育人才培养模式的改革，并愿意为之做出自己的努力。

（2）学校有一批有较高素质的教师，他们能设计出促进基础课、拓展课学习的探究活动，并能有效指导学生进行探究活动。懂得扎实基础课的意义，更懂得以探究课升华基础课的价值，并在实践中很好地把它们结合起来。

（3）学校能认识到学生家长对探究性教学的支持作用，学生家长对这项工作取得成效有着重要影响，并能采取措施，使学生家长逐步认识到探究性教学对孩子发展的意义与价值，从而切实支持学校开展的各项探究性教学活动。

如果没有这些条件的支持，"接受性学习与探究性学习相互促进"这一命题是很难成立的。

每天反复做的事情造就了我们,然后你
会发现,优秀不是一种行为,而是一种习惯。

——亚里士多德

（Aristotle,公元前384年—公元前322年）

第三章

探究性教学的质量保障

自 20 世纪 90 年代起，我国不少中小学就已经开始了探究性教学的实验工作。如前所述，从上海市推出的第二期课程改革开始，在上海以及全国各地的一些学校，探究性教学的实验得到逐步推广。近年来，"项目式学习""STEM"活动得到我国中小学的大力推崇，这些活动在实践中也取得了不小的成绩。

然而，通过对近几年来我国中小学包括"项目式学习""STEM"等探究性活动的实践考察，不难发现，我国中小学在开展的这些活动中普遍存在的问题是：学校组织领导不力，内容设计随意，缺乏明确的教学目标指向；教师准备不够，不能给予学生必要的指导活动；学生信心不足，除了少数学生期望在各类学科竞赛中争金夺银，为高考或中考加分外，大部分学生与其家长都对探究性学习敬而远之，担心收获寥寥，反倒耽误了刷题的时间。

为确保探究性教学能切实有效地提高人才培养的质量，不让其偏离预定的目标，学校在开展探究性教学活动的第一时间就要建立有效的探究性教学质量保障体系。

探究性教学质量保障的理念、特点与日常工作

1.1 探究性教学质量保障的基本理念

探究性教学始终把学生求知欲、好奇心与想象力的提升作为开展所有活动的根本,因而其质量保障体系就是为实现这一目标而生,为保障这一目标的实现而立的,它始终遵循下述理念。

第一,它要保障学校组织的探究性活动是好玩的,更要保障学生能在活动中玩出智慧、玩出道德、玩出审美情趣。探究性教学注重培养学生科学探究的兴趣,因而活动设计要充分考虑探究活动的趣味性。贪玩是学生的天性,如前所述,学生贪玩并不可怕。然而,在这一过程中,学校与教师要有一种清醒的认识:好玩是重要的,但玩出智慧才是根本目标。对于学生来说,探究性学习是一种动手与动脑并重的活动,是一种特别注重他们兴趣爱好与个性特长发展的活动。这种活动在大多数情况下,是"好玩"的活动。因而,不少学校精心设计了一批好玩的活动,但是,其结果并没有起到提升人才质量的作用。究其原因,学校只求活动"好玩",却忽视"好玩"的目的——要让学生有智慧地玩,在玩中提高他们的智慧;有道德地玩,在玩中完善他们的道德;带着对美的追求去玩,在玩中提升他们的审美情趣,增强他们创造美的能力。

第二,它通过保障探究性教学的每一环节来保障探究性活动整体的质量。事实告诉我们:只有教学每一环节的质量得到保障,教学质量才能得到保障;只有学生每一步的发展得到保障,学生最终成才才能得到保障。接受性学习是如此,探究性学习更是这样。

探究性教学是由各个环节组成的,每个环节都在整个过程中起着不同的作用,因而,探究性教学的质量保障就需要从"教"的每个环节,从"学"的每一步发展入手,保证整个工作取得最佳的效果。

探究性教学的上一环节,无疑就是下一环节的基础,下一环节又是上一环节的深化,它们环环相扣,共同起着"增长新知""砥砺心智",促进学生各种素养全面发展的作用。

人们常说:"十年树木,百年树人。"人才培养是一项长期且艰巨的工作,不可能一蹴而就,需要教育工作者从人才成长的每一环节做起,持之以恒。

第三,探究性教学质量保障是诊断性、支持性与服务性的。诊断而不是监督,才是质量保障的重点。人们谈到质量保障,往往头脑中就想到 ISO9000,统一的、规范的各种规定,但这对探究性教学来说却是根本不适用的。在中小学,探究性教学鼓励创新,鼓励师生们天马行空,探究性教学质量保障就是对师生创新意识的保障,是对师生天马行空的保障。它通过诊断来发现探究性教学过程中的问题,通过支持性的服务来解决各种问题。

探究性教学质量保障是诊断性的,因而它要关注教与学过程中出现的问题。当然,这些问题应当是影响探究性活动开展的关键性问题,而不是一些细枝末节的问题。探究性教学要给师生以最大程度的自主权,用各种制度、规定管死师生是很不明智的。

探究性教学质量保障是支持性的,因而,它以充分肯定师生在活动中取得的成绩与发展的潜力为基本方法,以为存在的问题提供解决方案作为推动各项活动的途径。

探究性教学质量保障是服务性的,它通过数字化、智能化平台建设,为师生的探究过程提供软硬件等各项服务。

1.2 探究性教学质量保障中需要处理好的几对关系[①]

探究性教学质量保障是教学质量保障一般理论的运用。然而,探究性教学质量保障也有着自己的特殊方面,因而人们在开展这些活动时就需要对某些方面给予特殊的关切,需要处理好以下几对关系。

第一,过程与结果的关系。探究性教学是注重过程的教学,它并不特别地关注教学的结果。因此有人说,探究性教学是只重过程不重结果的教学。其实,这个论断是存在一定偏颇的。严格地说,探究性教学特别关注学生学习的过程,相信这一学习的过程对培养学生的各种品质有特别重要的意义。至于学生在探究性学习活动中究竟达到什么结果,探究性教学并不特别在乎。但是,可以肯定,一个组织良好的探究过程,在大多数情况下是能取得良好结果的。

科学史表明,由于科学研究结果的不确定性,即使最著名的科学家也不能保证他的每一项探究活动在规定的时间里获得预期的结果。因而,对于学生来说,进行探究性学

---

① 陈玉琨,程振响.研究性学习概论[M].上海:少年儿童出版社,2002.

习,从事探索性的研究活动和发明活动,没有达到预期的结果,这是正常的,也可能是经常性的。过于看重学习的结果,很可能对学生的创造精神带来负面的影响。同时,对于学生的探究性学习来说,大量的发现属于"再发现"的范畴,这种创造力属于个人水平的创造力、同等群体水平的创造力,因而,过于关注学生学习的结果是没有太大意义的。

但从探究性学习的客观效果来看,富有成效的结果对学生的学习能产生积极的推动作用。对学生探究性学习成果的肯定性评价有助于学生学习动机的增强。这就是说,可以把对探究性学习结果的评估合理地看成一个"强化"的过程,它对促进探究性学习活动本身具有十分重要的作用。在这一意义上,实践表明,探究性学习要重过程,但也不能忽视探究性学习结果。探究性学习积极的结果将对探究性学习的过程起到重要的促进作用。同时,良好的探究性学习的过程也一定能在较大程度上帮助学生取得较好的结果。因此,可以合理地提出:探究性学习注重过程,同时它又强调,以预期的良好结果推动探究性学习的过程,以他人的结果来激励我们的学生,以今天的成果来激励明天的学生。

第二,理论性教学与实践性教学环节的关系。长期以来,我国学校教育较为严重地存在重理论、轻实践的倾向。针对这一问题,国家把提高学生的实践能力作为实施素质教育的一个重点,这对于全面提高我国各级各类学校人才培养的质量显然是有重要意义的。提高学生的实践能力要求我们在教学中正确处理好理论性教学与实践性教学环节的关系。

探究性学习是一种在实践活动中的学习,它是学校理论性教学环节的重要补充,在把理论学习和实际运用结合起来上有着自己特殊的意义与作用。

第三,教师指导与学生自主学习的关系。探究性教学中的师生关系也是一个值得认真研究的问题。不同于接受性教学,在探究性教学的质量保障中,人们更关注对"学"的质量保障。在某种意义上可以说,只要学习的质量得到了保证,探究性教学的质量也就有了保证。对"学"的关注重于对"教"的关注,这是探究性教学的一个重要特点。

传统的教育把学生当作被动的知识接受的容器,在教学过程中师生的关系是讲与听的关系,是知识传授与知识接受的关系,是教师讲什么与学生做什么的关系。在这种关系下,学生的主体意识、能动发展以及创造精神都不能得到很好的发展。大量事实表明,人的创造精神有赖于他们主体性与能动性的发展。然而,在传统的教育模式下,这种扭曲的师生关系严重地压抑了学生主体意识的发展。因而,要改变传统的教育模式,就要先改变这种师生关系。变教师对学生的学习负责、学生被迫学习的师生关系为:

师生之间的平等关系。这种新型的师生关系以教师对学生的信任为基础,师生彼此平等相待,坦率而真诚地参与教与学的活动。

师生之间的对话关系。在这种新型的师生关系当中,教师的任务不再是简单地、机械地传递知识,教师也不只是知识的提供者,而且是学生求知与发展过程的引导者。通过教师与学生对话、平等讨论、观点交流与互相启发,教学相长在这一过程中得到真正实现。

师生之间的合作伙伴关系。创新性人才培养的教育不仅要教给学生应有的知识,更要教会学生如何思考,如何做人,如何与人合作。在这种关系下,师生之间相互友爱、愉快合作。在课堂上,教师的循循善诱,热情耐心的鼓励,恰到好处的点拨,都能有效地激发学生学习兴趣和主动性、创造性的发挥;甚至那些师生之间、同学之间为了解答疑难问题、为了探索人生真理而激烈争辩的场面,都无不渗透着师生之间真挚的友谊。在那里,我们所看到的是,学生人人善于思考,富有创造性,人人都有很高的学习自觉性和很强的自学能力,人人都有组织才能和交际能力,人人都有一种社会责任感。

师生关系的根本改变,有助于学生身心发展,有助于学生形成良好的态度,有助于学生形成良好的人际交往能力;对于教师来讲,师生关系的改进,要求教师不再是照本宣科,但这并不意味着教师无事可做,而是需要教师在教育教学过程中更好地发挥自身的积极性、主动性和创造性,以自己的言行唤醒学生的学习意识,激发学生的潜力,带动学生的发展。

人们常说:"教育无小事。"教育事关国计民生,事关国家的前途,事关家庭的命运,这当然不是小事。但是,客观地说,学校也没有什么大事。教育就是学校的一草一木,黑板上的一笔一画,教师的一言一行,影响着学生的一生一世、一举一动。从小事做起,学校就能培养出各行各业的大师。

第四,质的分析胜于量的分析。探究性课程的目标大多是一些诸如"创新精神""探究意识""合作精神"等内隐的目标。这些目标难以量化,所以它更多地依赖质的分析。质的分析更多地依赖专业人员的分析,这就决定了探究性教学质量保障需要教师与学校管理人员有更高的素质。

1.3 探究性活动实施过程保障的日常工作

在日常工作中,为保障探究性教学的质量,学校需要定期地做好以下三方面的工作。

第一，步骤进程控制。这是探究性活动过程控制中的日常性工作。学校有关部门在制定出科学可行的探究性活动并设定计划与方案后，要保证探究性活动按计划实施。这就是探究性活动的步进控制，即步骤与进程的控制。它为课程质量达成预定目标提供了基本的前提保证。

学校要把握住探究性教学的进程，就要事前对各项活动的关键时间节点有明确的要求，并按照这一要求有序地推进活动的开展。学校要让所有教师在活动中对这些要求烂熟于心，逐步成为教学活动中的习惯性动作。

第二，预期收益控制。探究性教学的某项活动完成后或某一特定学习周期结束后，学校要对探究性活动实施的结果进行检查，确认探究性教学达到预定目标的情况，看学校最初设想的收益是否实现。预期收益控制是过程控制的核心，其目的在于了解相关活动的进展情况及其产生的效果，便于收集反馈信息，从而采取进一步的措施。

第三，可能偏差分析。主要包括两个方面的内容，一是探究性教学有关活动的结果与预期收益的偏差分析；二是有关活动的非预期效果分析。前者旨在明了探究性教学实施过程中影响预定质量目标实现的因素，进而提出解决方案，使教育教学活动能朝预定目标迈进；而后者旨在明了学生在探究性学习活动中产生的非预期效果。著名评价学专家斯克里文（M. Scriven）指出，教育活动除了收到预期的效果外，还会产生很多意想不到的副效应。这些副效应可能既有积极的方面，也有消极的方面。非预期效果分析就是力图消除教学活动中出现的负效应，鼓励、增加教育教学活动的正效应，进而重新界定与完善学校的教育教学目标，使学校教学目标、学校教育教学活动日益接近科学化。在探究性教学中，这种非预期效果的调查与分析有着更重要的意义。

在本节中，我们强调"要保证探究性活动按计划实施、事前对各项活动的关键时间节点有明确的要求，并按照这一要求推进活动有序展开等"，这似乎与前面我们所认定的"统一的、规范的各种规定，但这对探究性教学来说却是根本不适用的"之间存在一定的冲突。事实上，这两者之间并不矛盾。比如，每年11月学校都要举办"科技节"，学生要在这一时间拿出科学探究的成果，在那天向全校展示，让家长来参观。"科技节"一旦确定下来，就要成为传统，不能轻易地放弃，要按时举行。然而，这并非说，所有参与探究活动的学生都要拿出探究成果来，这更不是对所有课题组探究成果的考核。只是我们相信，在所有课题活动中，总有一定比例的课题组是能取得探究成果的。上海市静安区教育学院附属学校校长张人利说，教育规律讲的并不是事物的因果关系，有一因必有一果，这并不适合教育活动。教育活动讲的是相关关系，即学校的一项改革举措,能在多大概率上影响学生的发展。如果一项教育改革的举措能使大多数学生受益,那就是一项很好的举措了。

在学校举办的科技节上,并不是所有课题组都要拿出项目活动的成果,也不可能所有项目组都能取得课题成果,但是可以确信的是:学校总会有一些课题组能在科技节那天崭露头角的。

2 教育质量保障体系的组织结构

教育质量保障是一项复杂的系统工程,它必须综合学校内各部门、学校所有成员的力量,使学校各组成部分互相分工、互相协作,共同履行教学质量保障的职责。为此,学校需要建立自己的质量保障组织体系,以提高学校教学质量的组织管理效率。除此之外,学校还要善用社会力量,调动社会资源服务学校发展,提高人才培养质量。

2.1 探究性教学质量保障体系机构的基本组成

教育质量保障体系通常由下述几个系统构成。

(1)教育质量保障指挥系统。指挥系统通常由校长、分管教学副校长以及学校教导处负责人组成,吸收热心科学探究活动的中青年教师参加。其主要任务是确定学校的教学质量管理的目标与质量标准,制定有关教学活动的政策,指挥与协调学校关于教学质量管理的各项活动,总结学校关于教学质量保障活动的经验与得失。

(2)教学信息收集系统。学校教学信息收集系统可以由学校教务处具体负责,与日常教学管理活动结合起来进行。它的任务是收集学校教学活动的信息以及来自各方面的反馈信息,从而为学校进行科学决策提供基础。

(3)教学质量评价与诊断系统。这一系统可由分管校长负责,聘请一些责任心强、教学经验丰富的教师组成。他们可以经常性地参与学生的各种探究性学习活动,以及通过各种渠道了解学生在探究性学习中取得的成绩与碰到的问题,从而对学校探究性教学活动的状态作出评估,对探究性教学工作存在的问题进行诊断,并对学校教学改革提出建议。

（4）教学质量保障信息反馈系统。这一系统的主要任务是把学校探究性教学活动的相关信息反馈给有关人员。这一工作通常可由学校教导处负责。有关信息的畅通是教学能够稳步提高的必要条件，因此，也要认真地做好这一工作。

（5）教学质量保障辅助系统。这一系统可由学校党群组织的负责人吸收部分教师参加，其任务是开展质量宣传，创建质量文化，动员群众参与质量保障活动，必要时接受学校内有关质量评价争议问题的仲裁，组织有关质量评价争议问题的复评等。

学校内部的质量保障体系既然作为内部自我发展的举措，那就一定要提升内部师生员工，尤其是教师的"内生动力"。可以说，没有教师的"内生动力"，任何自我保障都只是一句空话。

同时，学校要采取多种措施把学生组织起来，激励学生主动参与。探究性学习是学生自主的学习。学生的主动参与是基础性的、必要的条件。由于来自学科课程考试等方面的压力，有些学生对探究性课程参与的积极性不高，这种情况是可以想象的。这就需要学校与教师认真做好工作，通过宣传探究性学习的意义、展示探究性学习的成果、树立学生中探究性学习的榜样、调动学生探究性学习的兴趣，来增强学生探究性学习的动力，促进他们以更大的热情参与到这项活动中来。

2.2 学校探究性教学质量保障机构的支持系统

除了学校内部的机构，外部的支持对学校发展也同样重要。学校探究性教学质量保障机构的支持系统可由下述机构组成。

（1）校内外专业人员组成的学术委员会。校内外专业人员组成的学术委员会是为推动学校人才培养模式转变、不断提升学校探究性教学质量的咨询机构。它是在充分吸取世界各国中小学探究性教学的经验与教训基础上，对各类探究性活动作出事前与事后评估，以确保探究性教学对学生成长的价值实现而设立的专业性学术机构。

委员会成员以校内外结合的方式组成，其主要职责为：

- 研判世界各国与我国科学技术发展的现状和基础教育改革未来发展的趋势，并在这一基础上，为学校探究性教学与探究课题的确定提供指导意见；
- 审核学校探究性教学方案的开发规划；
- 指导学校探究性教学评估标准的研制；
- 根据工作需要，委员会可下设"探究性学习课程开发评审工作组"和"探究性学习过程与结果评审工作组"，组建由校内外专家组成的专家库。

此外，委员会还可协助学校外聘专家开设面向全校教师或某一特定学科教师的教学专题工作坊，开展一对一的专题咨询活动，举办客座名师讲座等。

（2）加强校际交流，建立合作共赢的机制。校际的合作与交流对促进学校探究性教学的深入开展有着积极的意义。校际交流是学校互学互鉴、互帮互助的重要途径。在校际交流中，学校要懂得欣赏别人，善于向别人学习。拿自己的长处与别人的短处去比，就失去了校际交流的意义。从别人的长处那里找到解决自己短处的方法，这才是校际交流最有价值之处。

校际交流可以是短期的，也可以是长期的。如果是长期合作交流伙伴，一个值得考虑的建议是：寻求优势互补的伙伴。如果本校文科较强，就找在理科领域有较强实力的学校。如果本校数学较强，就找在物理、化学等领域有优势的学校。以他校之强补自己之弱，比所谓的"强强联合"更有意义。

（3）寻求战略伙伴，形成稳定智力支持。对中小学来说，开展探究性教学，尤其是在该项工作启动之时，可能的困难之一是指导教师在科学研究领域的经验不足，自身探究能力不够。此外，很可能有些学生对高新前沿科技有着特别的兴趣，探究课题需要一些设备与设施的支持，学校为此专门采购，但使用率又不高。因而，到大学与科研院所寻求战略合作伙伴就很有意义，与高等学校和科研院所建立战略伙伴关系是解决这些问题最好的办法。

美国史蒂文森高中坐落在寸土寸金的纽约地标地段，学校即便有足够的资金，但一座大楼的空间很难摆放各种研究设施与设备，因而他们与邻近的洛克菲勒医学中心联手，培养一大批高水平的人才，成就了一所世界知名的学术性研究型高中。这些经验是很值得借鉴的。

3 探究性学习的评估

探究性学习的评估是质量保障的一个核心环节，其专业性很强。从探究性学习的过程来加以区分，可以有活动方案的评估、活动过程的评估和活动结果的评估。

3.1 活动方案的评估

探究性学习活动方案的评估就是活动方案设计的评估。在开放性主题活动中,就是主题的选择与实施方案设计的评估;在课题研究和科学实验等活动中,就是课题的选择与研究设计的评估;在科技活动中,就是活动的选择与活动设计的评估。从这里我们可以看出,虽然不同类型的探究性学习,它们的先行组织者各不相同,活动的方式也不一样,但是在方案设计阶段,人们面临的评价任务有着相当的一致之处。

活动方案的评估,主要关注学校与教师对学生选题的指导。其具体内容包括:所选课题的目的和意义,计划解决的主要问题和进行的主要工作,以及探究活动设计的主要思路,预期的困难问题,学生开展这项活动的有利和不利条件与因素,预期的成果和表达形式等。它通常包括探究主题选择和探究途径设计两部分。简而言之,就是对学生准备做什么和准备如何做的评估。

第一,探究课题选择的评估——对于学生拟订或选择的探究课题,学校要作出以下几方面的评估。

其一,课题价值取向分析。无论是以何种形式为载体的探究性教学,如以"问题"或以"主题"为导向的探究性教学,或基于学生兴趣的探究性活动,首先都要有价值取向分析。在探究性教学中,探究课题的设计应予以重视。这不仅需要在文学、艺术、历史与哲学等领域予以重视,在数学、自然科学课题的设计上也应加以关注。任何探究活动都是人的探究,以人为主体的探究,因而它不可避免地会带着人的价值倾向,任何价值观的错误都会对"立德树人"的教育目标造成冲击。

事实上,教育是把人从自然人转化为社会人的过程,在这一过程中,知识的传承是重要的,但更重要的是社会规范的传承。下一代认同、接受并践行社会公认的价值体系和行为规范是一个社会得以稳定发展的基础。这是世界各国重视教育的重要原因之一。

这一过程决定着教育工作者必须引导学生接受社会主流的价值观与行为规范,必须引导学生掌握与发展人类在历史发展过程中积累的文明财富。人类的各种不同观念与价值追求,乃至生活习惯与技能的形成都不是天生的。1920 年,在印度米德纳波尔的小城被发现的狼孩证明:直立行走和言语并非人天生的本能。人从自然人走向社会人只能在人的社会中完成。教育是把人从自然人培养成社会人最重要与最有效的途径。

其二，学生发展程度分析。探究性教学是以学生主体性的自主活动为主的教学，这种教学活动的质量与学生原有基础有重要联系。如果脱离了学生的基础，这类教学就很难取得实效。学生原有基础包括知识、技能准备的基础，动机、态度准备的基础，以及社会性活动心向的基础等方面。

所谓"知识、技能准备的基础"指学生备择活动所需要的知识与技能的状态。这里"备择活动"是指拟议中开展的探究性活动。不同的探究性活动对学生知识与技能的要求是不相同的。比如，对社会环境的调查研究就需要学生具有一定的环境方面的知识与问卷设计的技能。当然，这些知识与技能可以在探究性活动开展的过程中不断补充，但如果学生在这些方面的知识与技能准备与要求的差距太大的话，就有可能使学生把大部分的时间花在这些知识与技能的补课上，从而影响预期的探究性活动目标的达成。

所谓"动机、态度准备的基础"指学生对开展备择探究性活动的兴趣和态度。如果备择活动是学生喜见乐闻的，学生对开展这些活动就会有十分积极的态度，有强烈的动机。可以预期，这些活动成功的可能性就比较大；反之，失败的可能性就比较大。在有些情况下，学生动机不强，态度不积极，学校也要做好正面的引导工作，采取适当的措施，提高学生的动机，端正学生的态度。

所谓"社会性活动心向的基础"指对参与集体活动与社会活动的情绪倾向。探究性活动多数是集体性的团队活动，通常也是社会活动。因此，学生社会性活动心向的基础水平也是我们在设计探究性活动的过程中需要考虑的重要问题。

这里需要特别说明的是，帮助学生掌握相关的知识技能，提高学生对科学探索活动的动机和社会性活动心向，这些本身都是探究性教学的重要目标，是学校通过探究性教学要解决的重要问题。因而，不能等所有问题都解决了才实施探究性教学。而且，学生的提高不可能一蹴而就，所以学校要把学生的发展程度分析作为设计探究性教学过程中的一个重要因素，认真研究并在这一基础上提出促进学生发展的最优方案。

其三，学生个性、爱好和特长分析。积极发展学生的个性、特长是学校教育的一项重要任务。无差别的、不重视学生个性特长的教育是不可能培养出高素质人才的。因此，人们在设计探究性课程的过程中要把学生的个性、爱好和特长放在十分重要的位置上加以考虑。比如，有些学生在空间想象、逻辑思维方面潜力很大；有些学生在实验动手方面能力很强；有些学生则在组织管理或形象思维方面表现突出。如果学校能给他们提供相应的训练的话,他们的这些特长就能得到更大更快的发展。

如前所述,在校学生基本上还是未成年人,他们的兴趣爱好并不稳定,对于教育工作者来说,我们的一项重要任务就是在学生的所有兴趣中辨认出他们比较稳定的兴趣,在学生自述的特长中确定真正属于他们的特长。教师要通过较长时间的观察,帮助学生认识自己,找到真正属于自己的特长。不加梳理与具体分析,就试图运用探究性活动来满足学生的个性发展的需要,那就背离了学校开展探究性活动的初心。这要求学校在调查学生需要的基础上,仔细地辨别学生的哪些需要是稳定的,是可能对他们未来发展产生重要影响的。在对这些方面作出明确的判断后,学校才能对探究性活动要帮助学生解决什么问题有一个准确的认识和把握。

第二,探究途径设计的评估。在对学生发展基础和个性特长有了充分的认识以后,学校就要进一步考虑,通过何种途径、开展什么样的活动来有效地实现预定的探究性课程目标,就要认真设计出能最有效实现这些目标的教学方式与方法。

实现途径分析事实上又包含活动实施模式的选择分析,即以何种活动模式才能最好地实现预定的目标,发展学生的特长;以及组织方式的分析,即通过什么手段和方法才能取得教学活动的最大效益。这些方面是紧密相连的。

由教师及学生组成的评审小组对选题及实施方案进行评审,基本程序是:小组汇报研究计划,评审小组提出问题,小组成员回答问题,评议小组评议,评议小组通过评审意见肯定成绩,提出修改完善的建议。

探究活动途径设计的评估在各不相同的学科中会有各不相同的探究途径,关于这一问题,本书将从下一章开始,就不同学科科学探究的方法论问题专题进行讨论。

3.2 活动过程的评估

探究性学习是重在过程的学习,因而活动过程的评估具有特别重要的意义。

探究性学习活动过程的评估包括学生学习态度的评估、参与程度的评估、学生活动能力的评估以及学生团体精神和合作意识的评估等方面。

其一,学生学习态度的评估包括学习的外在动机与内在动机的评估。外在动机的评估即学生对特定的探究性学习的社会意义和对个人发展意义的认识,以及在此基础上形成的动机强度的评价。内在动机的评估即学生对所探究的课题和参与的活动的兴趣和好奇心的判断。从学生的内在动机中,人们可以找出学生对某一领域的探究持续有兴趣的真正原因。

其二,参与程度是学生探究意识和动机力量的外在表现,在很大程度上决定了学生能否取得预期成果,因而运用评估手段促进学生参与探究性学习有重要意义。

其三,学生在活动中所表现出的能力包括运用所学知识和掌握的技能解决问题的能力、社会活动能力以及创造性的思维能力,等等。在学生活动过程中对学生能力的评价,本质上是诊断性的。它为促进学生能力的发展服务。

其四,学生团体精神和合作意识的评估关注学生在活动中所表现的非智力方面,它为促进学生非智力因素的发展提供支持。

3.3　活动结果的评估

从一些探究性教学比较成功的学校来看,可以运用成果展示、论文答辩等形式对学生所取得的成果进行检验;运用学生互评、教师点评等手段对学生各方面的发展与提高作出判断;运用学生口头或书面自陈的方式总结学生自身的体会。

探究性学习结果的评估应当是不断"强化"学生的过程,在这一过程中,教师要始终注意肯定性评估为主的原则,要善于发现学生在探究性学习中取得的任何进步,以及他们的成果中任何值得肯定的地方,把对结果的评估当作使学生体验成功、增强自信的过程。

3.4　探究性学习评估的组织形式

从国内一些学校的经验来看,探究性学习评估常用的组织形式有开题报告、档案袋、成果答辩和学生自陈等。在实践中,反对者模式和自然探究方法的一些合理思想也被吸收在了其中。

其一,开题报告。开题报告是学生在确定了探究性学习的项目后,对选题进行评估和论证的组织形式。在开题报告中,学生需要对选题的意义、可行性、工作的条件与基础、思路与步骤、预期的成果等方面进行系统论证,并接受教师和同学的质疑,这是完善研究方案的很好的形式。在开题报告会上,各方都可以充分发表自己的观点,对有关问题进行深度讨论,这一过程本身就是一项探究性学习活动,同时它也为学生后续的活动提供了保证。

其二,在活动过程中,学生的口头与书面自陈报告。这是学生对探究性学习进行自我评估的活动,这一评估活动有十分重要的意义。在一定的意义上,可以把学生自陈活动看作是学生对探究性学习过程再思考的活动。学生自陈报告不仅对其提高自身以后的探究性学习的质量会有很大帮助,同时对其他同学开展探究性学习也会有很大的启示意义。

其三,档案袋。学生在探究性活动中,要养成随时记录自己探究心得的习惯,建立属于自己的探究学习档案袋。档案袋评估是过程评估中常用的方法。档案袋记录了学生探究性学习的所有活动,因而为学生在探究性学习中每一阶段的变化提供了原始的材料,它是评估学生在探究性学习中发展变化的可靠依据。

其四,成果答辩。成果答辩通常由展示成果并对成果进行说明、答辩委员会提问质疑、课题小组代表或其成员对答辩委员的质疑进行答辩并进一步对有关问题加以回答和讨论、答辩委员会成员写出评估意见等几个阶段组成。

答辩委员会一般由教师组成,有条件的学校也可以吸收部分能力较强的高年级学生。答辩会议应允许学生自由参加,并鼓励学生与答辩委员一起提问。

课题组须在答辩前一段时间将小组的成果报告提交给相应的答辩委员会,答辩委员会的成员分别进行审阅,形成初步的审阅意见,在此基础上进入最后的答辩。对一些特别优秀的成果,不少学校还将其成果在全年级乃至全校进行交流,实现成果共享。

答辩的过程是对学生探究性学习结果的评估过程,然而,学校更要把答辩的过程当作学生总结经验、相互交流的过程,当作学生体验成功、增强自信,进一步激发学习兴趣、提高学习动机的过程。

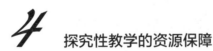

4 探究性教学的资源保障

通过上述几步,确定了学校应当开展的探究性教学活动及其实施的关键步骤。然而,仅仅从教学的"必要性"出发,在实践中有时会遇到很多困难、问题与矛盾。比如,有些活动,学校十分希望开展,但却很少有教师能够胜任这些课题的教学任务。有些活动学生对其很感兴趣,但该类课程需要技术含量较高的实验设备和设施,学校目前尚不具备这些条件。因而,对经过上述三步分析所得到的活动或课题,我们称其为"备择活动"或"备择活动"。这些课程或课题还需要经过可行性的论证,才能最终把它们确定为学校真正落实的探究性活动。经这些步骤的反复研究,由此开设的探究性活动才能得到"必要性"和"可行性"两方面的保证。

除了师资队伍外,学校探究性课程的建设还需要在设施设备等不少方面增加新的条件。有些条件甚至是学校无法解决的,尤其是在短期内无法解决的,这就要求学校积极开发新的资源。

新资源的开发需要学校领导善于进行"可资利用的社会资源分析"。在现代开放的社会中,学校的办学条件并非只是指学校现有的条件,它可以把学校可资利用的社会资源包含在内。社会可资利用资源分析包括两层递进的含义:第一,社会资源。就是说,我们需要分析,学校所缺乏的条件,社会上是否存在。如果社会上存在学校所缺乏的条件,那么它就存在着为教育所利用的可能性。第二,这些社会资源经过学校的努力是否有可能转化为学校的资源。如果经学校努力有可能成为学校的资源或者部分地成为学校的资源,我们就把它称为"可资利用的社会资源"。当然,可资利用的社会资源还不是学校的资源,把可资利用的社会资源变成学校的资源还需要学校管理人员作出很大的努力。

长期在计划体制下运作的我国学校管理人员相信,政府的支持对学校的发展来说是第一位的,并且他们希望社会能看到学校对社会发展的意义,自觉地支持学校的发展。作为一项事关国家、民族发展的事业,政府和社会对各级各类学校的支持确实对学校的发展有重要的作用。但是,学校的发展更主要的要靠自身的努力,甚至可以说,政府和社会对学校的支持也要靠其自身的努力才能获得。人们说,有作为才能有地位,这是现代社会中的一个基本事实。如果你不能作出对社会有价值的回报,或者你的回报要明显地低于其他学校,政府与社会就没有任何理由把有限的教育资源浪费在你身上。因而,学校自身的努力对学校的发展是十分重要的,其中包括通过自身的努力来赢得政府和社会的支持。

需要进一步说明的是,学校领导不要把学校资源仅仅局限在校内资源上。可供学校利用的社会资源也应当看作是学校资源的重要组成部分。在校外存在的大量物力、财力、人力和智力资源也可能成为学校资源的一部分,只要学校能充分而有效地利用这些资源。

东北育才学校在建立科学实验室的过程中面临高层次智力资源缺乏的问题。该校领导果断地提出"把科学家请进学校,把高新科技引进校园"的口号,从国家科研院所和高等学校聘请了一大批科学家,请他们来校指导学生的科学实验,这有效地提高了学校科学实验室的水平,从而为学校探究性课程的开设质量提供了保证。

上述事实决定了,在将社会资源转化为学校资源的过程中,我们要遵循以下几条原则。

第一,高效利用、物有所值的原则。社会有关方面对中小学的支持大多都是出于对教育事业的关心。在东北育才学校建立气象预报实验室的过程中,沈阳气象台无私地将由地面卫星接收站收到的气象信息送到该校的校园网上,并派出高水平的专家亲临学校指导学生开展研究。这一行动既没名也没利,他们图的是什么呢?他们图的是学校能培养出高素质的人才。他们是从学生的成长与发展中体会到了自身工作的价值。为此,对学校来说,一定不能使他们的期望落空。如果学校不认真对待社会的支持,社会长期看不到对学校的支持的效果,有关方面支持与关心学校的动机就有可能大幅度地降低。高效率地利用社会有关方面支持的每一点资源,使他们看到所有的支持都是物有所值的,这是争取与进一步争取社会支持的必要条件。

第二,互惠互利、双赢同赢的原则。支持总是相互的,因而争取社会的支持要本着互惠互利、双赢同赢的精神,使对方在支持学校的过程中得到利益。哪怕这种利益只是满足对方的"成就感"。这条原则告诉我们,在争取社会支持的过程中,学校不能只从自身的需要出发,而不考虑对方的需要。

第三,利用资源与培育资源并重的原则。这就是说,争取社会对学校的支持要立足长远,从培养社会资源入手。要经常向社会介绍学校每一阶段的发展、取得的成绩、下一步工作的设想,以及面临的困难,使社会看到学校的进步,看到学校未来的希望,这都是培育社会资源的重要措施。

此外,探究性教学的实施可能会受到来自校内外的各种压力,如何取得家长和社会的理解与支持,这是学校要努力解决的重要问题。同时,在课程开发和实施中如何协调教师、课程专家以及其他各方面的意见,这也是学校可能经常遇到的问题之一。这些问题的解决需要建立一个高效的学校组织结构,创造一种良好的人际关系氛围。

这里,需要特别强调的是:在各种软硬设备添置的过程中,数字化、智能化探究性教学平台的建设是必不可少的。

这一平台应当包括:

探究性课程审核系统。课程是国家意志的体现,探究性学习课程也不例外。为此,该系统的研制应包含探究性学习课程的评审标准与审核流程。

探究性学习数据记录与分析系统。该系统记录学生在探究性学习过程中所有的活动,以及学生上传的各种课题探究中记录的数据。探究性学习的数据分析须首先建立分析的依据,即建立评估的指标。这才可能使数据分析有据可循。

　　探究性教学平台还应当含有"灵动一刻"与"共享空间"。"灵动一刻"将记录学生在某一时间突现的灵感,如果他愿意与人分享的话,就请他上传到"共享空间"。"共享空间"不仅记录某一学生的灵感,也记录其他同学在这一灵感启示下的感悟。

　　在学校探究性教学平台上,要建立定期的问卷调查制度,以及时了解学生与家长对学校各项相关课程(活动)的满意度,并以这一满意度作为改进学校工作的依据。

　　该平台也要为教师的交流提供足够的空间,使教师在实践中得到发展,在交流中共同提高。

数学是一种语言，是一切科学的共同语言；展现在我们眼前的宇宙像一本用数学语言写成的大书，如果不掌握数学符号语言，就像在黑暗的迷宫里游荡，什么也认识不清。

——伽利略

(Galileo Galilei, 1564—1642)

第四章
数学探究活动的组织与指导

恩格斯在《反杜林论》中指出，"数学是数量的科学"，"纯数学的对象是现实世界的空间形式和数量关系"。随着社会的发展，也有人把数学称为"研究数量、结构、变化以及空间模型等概念的一门学科"。虽然，在数学界，人们对数学的定义并没有达成共识，甚至数学是科学还是艺术都未能达成一致意见。不过有一点是可以肯定的，数学并不属于自然科学，无论在自然科学还是社会科学研究中，数学都起着重要作用。马克思的女婿保尔·拉法格（Paul Lafargue, 1842—1911）在《忆马克思》中谈到，马克思认为："一种科学只有在成功地运用数学时，才算达到了真正完善的地步。"

本章将先从数学的学科性质与特点的讨论开始，然后再给出数学探究活动组织与指导的建议，再后对数学探究活动的评估指标与量表进行探讨，最后在本章的附录中，针对我国中小学生的实际给出几个推荐参考课题。

$\mathcal{1}$ 数学学科的性质、起源与历史上的三次数学危机

1.1 数学的性质与起源

数学是研究数量、结构、变化、空间模型的一门学科,它广泛地运用于自然科学、社会科学等诸多领域,是学习和研究现代科学技术与社会运行规律必不可少的基本工具。早在公元前,古希腊的毕达哥拉斯(Pythagoras,公元前 580 年—约公元前 500 年)及其学派认为:"万物皆数。"著名的印度裔美国数学家、统计学家拉奥(Calyampudi Radhakrishna Rao, 1920—2023)断言:"在抽象的意义下,一切科学都是数学。"①

数学起源于人类早期的生产活动,是从田亩的测量计算与天文观察开始的。随着现代科学的发展,科学研究已经日益超出人类的感官范围,它再也不能只依赖于感官的直接经验,而是越来越多地要依靠理论推演。

就历史发展来说,一般认为数学的发展经历了萌芽阶段、常量数学时期、近代数学时期与现代数学时期。②

萌芽阶段。萌芽阶段一般指原始社会至公元前 6 世纪,由于丈量田地与计数的需要,人们逐渐形成了计算简单几何图形的面积和体积的几何知识,产生了自然数和分数概念。在这一阶段,最值得一提的是十进位位置制记数法的出现。

数,是数学中的基本概念,也是人类文明的重要组成部分。在公元前 3000 年到公元前 2000 年之间,巴比伦人发展了六十进位的定位数系(Positional Numeral System),这一六十进位制有点像现代的时间进位制,每 60 分钟为 1 小时。不过这种进位制在实际运用中却有点繁琐。而最重要和最美妙的记数法则是十进位位置制记

---

① 拉奥的工作不仅影响了统计学,还对经济学、人类学、地质学、生物测定、信息处理、人工智能等领域产生深远影响。他于 2023 年 8 月 22 日过世,享年 102 岁。

② 究尽数学. 从"嫩芽"长成枝繁叶茂的"参天大树",数学走过了 1 000 余年[EB/OL]. (2020 - 03 - 06)[2023 - 03 - 15]. https://baijiahao. baidu. com/s?id=1660402825520985848&wfr= spider&for=pc.

数法。

法国著名数学家拉普拉斯（Laplace，1749—1827）曾经写道："用十个记号来表示一切的数，每个记号不但有绝对的值，而且有位置的值，这种巧妙的方法出自印度。这是一个深远而又重要的思想，它在今天看来如此简单，以致我们忽视了它的真正伟绩。但恰恰是它的简单性以及对一切计算都提供了极大的方便，才使我们的算术在一切有用的发明中列在首位；而当我们想到它竟逃过了古代伟大的两位人物阿基米德（Archimedes，公元前 287 年—公元前 212 年）和阿波罗尼斯（Apollonius of Perga Back，约公元前 262 年—公元前 190 年）的天才思想的关注时，我们更感到这成就的伟大了。"

拉普拉斯的这段评论十分精彩，只可惜他张冠李戴，把这项发明归之于印度。现已有充分而确凿的史料证明，十进位位置制记数法最先产生于中国。李约瑟（Joseph Needham，1900—1995）就曾指出"在西方后来所习见的'印度数字'的背后，位置制已在中国存在了两千年"。

近年来，尤其是 2020 年以来，随着"黑洞"的发现与"量子纠缠成像"的发表，作为阴阳太极图起源的我国古代的"河图""洛书"，再一次引起中西方学界对幻方与幻立方的研究热潮。

2020 年，英国科学家罗杰·彭罗斯（Roger Penrose，1931—　）因发现了宇宙中最奇异的现象之——黑洞；美国德籍科学家因哈德·根策尔（Reinhard Genzel，1952—　）和美国科学家安德烈娅·盖兹（Andrea Ghez，1965—　），因在银河系中央发现了超大质量天体而获诺贝尔物理学奖。

2022 年阿兰·阿斯佩（Alain Aspect，1947—　）、约翰·弗朗西斯·克劳泽（John F. Clauser，1942—　）和安东·塞林格（Anton Zeilinger，1945—　）因在量子信息科学领域的研究而获诺贝尔物理学奖。

2023 年 8 月 14 日，《自然光子学》（*Nature Photonics*）上更新了一篇论文，加拿大渥太华大学的研究人员与罗马萨皮恩扎大学的达尼洛·齐亚（Danilo Zia）和法比奥·夏里诺（Fabio Sciarrino）向世人展示了神似太极图的量子纠缠成像。由此，"河图""洛书"再次引起了学界的高度关注。

我国是发现幻方最早的国家。相传大禹治水时，洛水中出现了一只"神龟"，龟背上有一幅美妙的图案，人称"洛书"。后来，人们将洛书中的符码翻译成数字，惊奇地发现图案的每行、每列及每条对角线上所有数字之和都相等，这就是我们现在所说的三阶幻方。

从洛书发端的幻方被称为具有永恒魅力的数学问题。13世纪，中国南宋数学家杨辉在世界上首先开展了对幻方的系统研究，欧洲14世纪也开始了对幻方的探索，其中包括著名数学家费马（Pierre de Fermat，1601—1665）、欧拉（Leonhard Euler，1707—1783）。如今，幻方仍然是组合数学的研究课题之一。幻方与它的延伸——幻立方所蕴含的各种神奇的科学性质正逐步得到揭示，为"黑洞""量子纠缠"等物理理论提供全新的数学表达途径；为人工智能的发展提供新算法的基础。

常量数学时期。约从公元前6世纪到17世纪初期，这一时期是初等数学快速发展的时期，所以人们也常常把它称作"初等数学时期"。西方数学中心最先出现在希腊，然后是阿拉伯和印度，最后再转移到西欧。这一时期在数学史上最重要的成果有欧几里得（Ευκλειδη，公元前330年—公元前275年）的不朽著作《几何原本》。它以公理化为基础建立起来的演绎证明的数学体系，成了后世数学研究的典范。该书的出版标志着几何知识从零散、片断的经验形态转变为完整的逻辑体系，由此，数学开始体系化与系统化的尝试，深刻地影响了后世数学的发展。

在继承古希腊和阿拉伯数学成就的基础上，欧洲取得了更多的重要成就。比如，代数学开始符号化，出现三次和四次方程的公式解法。

我国数学在这一阶段也取得了长足的发展，其代表性成果主要有：多元一次联立方程组的解法、秦九昭等的剩余定理和高次方程的数值解法、贾宪和杨辉等的二项式系数表、李冶和朱世杰的天元术与四元术、朱世杰和沈括等的高阶等差级数求和，等等。

近代数学时期。从17世纪到19世纪末，关于变量的研究极大地提升了数学研究的品质。这一时期的数学研究有以下几个里程碑：

在古希腊，几何学是数学的全部内容，代数除了以几何的面貌出现，也往往依赖几何方法解决和论证。直到17世纪，笛卡尔解析几何建立，才出现了代数化的趋势，几何问题又常常依赖于代数方法解决和论证。

解析几何的建立，标志着变量开始进入数学研究的范围。牛顿（Isaac Newton，1643—1727）和莱布尼茨（Gottfried Wilhelm Leibniz，1646—1716）开启了微积分的时代，变量观点和方法得到系统运用。

法国业余数学家费马、法国数学家帕斯卡（Blaise Pascal，1623—1662）和荷兰数学家惠更斯（Christian Huygens，1629—1695）等人开辟了对非确定性现象的研究，由此，开创了数学的另一重要分支——概率论。

在 18 世纪,数学家除了继续夯实微积分的基础外,还发展出无穷级数、常微分方程、偏微分方程以及变分法等学科,概率论也由起初的组合概率进入分析概率时期。

19 世纪是欧洲人才辈出的时代,这一时期数学研究取得了一系列重大突破。黎曼(Georg Friedrich Bernhard Riemann, 1826—1866)、罗巴切夫斯基(Nikolas lvanovich Lobachevsky, 1792—1856)创新性的工作引发了非欧几何诞生,伽罗瓦(Évariste Galois, 1811—1832)群论的开创和康托尔(Cantor, Georg Ferdinand Ludwig Philipp, 1845—1918)在集合论方面奠基性的工作都为这一时代数学的发展作出了重要贡献;数学各个分支的杰出代表人物,比如分析数学家柯西(Cauchy, Augustin Louis 1789—1857)、有着自欧几里得以来最伟大的几何学家之称的史特纳(Jakob Steine, 1796—1863)、著名的代数学家和矩阵论的创始人凯雷(Carley Arthur, 1821—1895)等在这一时期的数学发展中也留下了浓重的一笔。

现代数学时期。从 19 世纪后期,数学开始发展进入"现代数学时期"。19 世纪 80 年代康托尔集合论的产生标志着现代数学时期的开启。在 20 世纪之初集合论得到很大的发展,其思想方法广泛应用于现代纯数学分支领域。

与此同时,物理学上相对论、量子力学的诞生,改变了经典物理学中的物质观、时空观和运动观。另外原子能的利用、电子计算机的发明、空间技术的兴起、分子生物学的形成,以及激光技术等领域的产生和发展,深刻地影响了人类社会的发展。

在学术发展与社会需要的双重刺激下,进入 20 世纪以来,新的数学分支大量出现,同时催生了一些边缘学科,如人工智能、机器翻译、机器证明、图像识别等。计算机把数学家从繁重、机械的计算工作中解放了出来,使数学家能够集中精力于创造性劳动。

1.2　历史上的三次数学危机及其在数学发展中的意义

第一次数学危机与无理数的发现。大约在公元前 5 世纪,由于受到音乐的启示,毕达哥拉斯学派认为,宇宙间一切事物都可归结为整数或整数之比。毕达哥拉斯学派的另一项重大贡献是证明了勾股定理(Pythagorean Theorem)。勾股定理是数学定理中证明方法较多的定理之一,也是数形结合的纽带,但勾股定理的发现也给该学派带来了致命的威胁:一些直角三角形的斜边不能表示成整数或整数之比。这一"离经叛道"的结果,是由毕达哥拉斯的学生希帕索斯(Hippasus,生卒年月不详,约公元前 500

年)发现的。希帕索斯考虑一个边长为1的等边直角三角形,根据勾股定理,其斜边长应该是"2 的平方根"。如果毕达哥拉斯学派的断言是正确的,那么直边和斜边应该是可通约的,因此存在一个有理数(即整数之比)等于"根号 2"。希帕索斯很快就证明,这一结论是不能成立的。

在数学中这种不能表示为整数之比的被称作"不可通约"的,这一悖论直接触犯了该学派的根本信条,导致了其理论体系的不和谐、不自洽,直接动摇了毕达哥拉斯学派的基础,从而产生了第一次数学危机。

按照毕达哥拉斯学派的观点,数学是一个自洽的、完美的体系,其基本逻辑为:整数;分数,即两个整数之比;小数无非就是分数的特例。今天我们所知的"有理数"就是整数或两个整数之比。

"2 的平方根"这一类数的出现,意味着宇宙间有不为整数或不能表示为整数之比的数,即无理数,也被称为"没有理性的数"。左右为难之下,毕达哥拉斯最终决定将其视为学派的秘密,下令禁止传播这一结论。不过,希帕索斯最终还是把这一发现泄露了出去,从而激怒了毕达哥拉斯。毕达哥拉斯随后下令处死了他的学生。希帕索斯最终为他的发现付出生命的代价,将一腔热血献祭给了第一次数学危机。

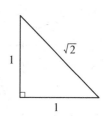

图 4.1　2 的平方根图示

"2 的平方根"不能表示为整数之比,欧几里得在《几何原本》中给出了证明方法。

证明:假设 $\sqrt{2}$ 不是无理数,而是有理数。

既然 $\sqrt{2}$ 是有理数,它必然可以写成两个整数之比的形式: $\sqrt{2}=p/q$ 。

再假设 p 和 q 没有公因数可以约,所以可以认为 p/q 为最简分数,即最简分数形式。

把 $\sqrt{2}=p/q$ 两边平方得 $2=p^2/q^2$

即 $2q^2=p^2$,

由于 $2q^2$ 是偶数, p 必定为偶数,因此可设 $p=2s$,

由 $2q^2=4s^2$ 得 $q^2=2s^2$

由于 $2s^2$ 是偶数,同理 q^2 是偶数,而只有偶数的平方才是偶数,所以 q 必然也为偶数。

既然 p 和 q 都是偶数,它们必定有公因数2,这与前面假设 p/q 是最简分数矛盾,这个矛盾是由假设$\sqrt{2}$是有理数引起的,因此$\sqrt{2}$只能是无理数。

《几何原本》是古希腊数学家欧几里得的一部不朽之作,集整个古希腊数学的成果和精神于一身。科学巨匠爱因斯坦(Albert Einstein, 1879—1955)说过,"如果欧几里得未能激发起你少年时代的科学热情,那么你肯定不会是一个天才的科学家","相对《几何原本》中的几何知识而言,它所蕴含的方法论的意义更重大。欧几里得本人对他的几何学的实际应用并不关心,他关心的是他的几何体系内在逻辑上的严密性"。

《几何原本》从 5 条公设(即不需加以证明,被认为理所当然的原理)出发,推演出了 465 个目前在我们中小学平面与立体几何中最常见的定理。今天,我们中学生在读《几何原本》时,最感困惑的可能就是书中一再出现的"不可通约"的概念,不能理解这一概念究竟表达的是什么意思。其实,"不可通约"就是不能表现为两整数之比的量。理解这一概念对理解有理数与无理数的区别和许多数学问题具有重要意义。

图 4.2　欧几里得和《几何原本》

第二次数学危机与极限论创立。芝诺(Zeno of Elea,约公元前 490 年—公元前 425 年)是古希腊的著名哲学家,是埃利亚学派的代表人物巴门尼德(Parmenides of Elea,约公元前 515 年—公元前 445 年)的学生和继承人。芝诺素有"悖论之父"之称,在科学史上有段芝诺师生关于"知识圆圈论"的对话,它对今天所有的学者都有启示意义。

　　学生:老师,您的知识比我的知识多许多倍,您对问题的回答又十分正确,可是您为什么总是对自己的解答有疑问呢?

芝诺顺手在桌子上画了一大一小两个圆圈后说："大圆圈的面积是我的知识，小圆圈的面积是你们的知识。我的知识比你们多。这两个圆圈的外面就是你们和我无知的部分。大圆圈的周长比小圆圈长，因此，我接触的无知的范围也比你们多。这就是我常常怀疑自己的原因。"

"懂得越多，无知也就越多"，这就是芝诺的"知识圆圈论"给与我们的教导。

17、18 世纪由微积分引起的"无穷小"与"很小很小"的冲突导致了数学的第二次危机。其实这些矛盾的萌芽早在公元前 450 年前就已经被古希腊的著名哲学家芝诺揭示了。据说，毕达哥拉斯学派发现的不可通约量，对芝诺悖论的提出产生了深刻的影响。毕达哥拉斯学派曾假定存在无限小的基本线段，想以此来克服因发现不可通约量而引起的困难。芝诺反对这种处理无穷小的不准确的做法。

牛顿与莱布尼茨是人们公认的"微积分"的奠基者，然而，"无穷小"究竟是不是零，牛顿对它有过三种不同的说法：1669 年牛顿说"无穷小"是一常量，1671 年说它是一趋于零的变量，1676

图 4.3　古希腊著名哲学家、埃利亚学派的代表人物之一芝诺

年又称它为"两个消失量的最终比"。这些观点在 1734 年受到英国大主教乔治·贝克莱（George Berkeley, 1685—1753）的嘲笑，把它称作为"消失了的量的鬼魂"。而莱布尼兹则说有种数叫"无穷小"，它比任何数都小。当年这些伟大的数学家就已使用了"无穷小"与"无穷大"的概念。但直到 19 世纪 20 年代，一批数学家才严肃地考虑了微积分理论的基础。1821 年柯西（Augustin Louis Cauchy, 1789—1857）指出，"无穷大"与"无穷小"都不是固定的量，而是变量，无穷小是以零为极限的变量。在那时一批数学家的共同努力下，极限、连续等在现代意义上的定义才被确定下来，并把微分与积分确定在严格的极限理论的基础之上。

这些概念是严格的，所以，在后来的数学发展中数学家们就采用这些概念，并用 ε 和 δ 来代替。①

---

① 李邦河. 数的概念的发展[J]. 数学通报，2009，48(8)：1—3, 9.

集合论与第三次数学危机。1900 年前后，在数学的集合论中出现了三个著名悖论——福尔蒂悖论、康托尔悖论与罗素悖论。其中罗素悖论被以多种形式普及化，直接引发了数学史上的第三次危机。

1897 年 3 月 28 日在意大利巴洛摩数学会上，布拉利·福尔蒂(C. Burali-Forti，1821—1895)揭示了集合论中的一个悖论：设 W 为一切序数所组成的集合。因为 W 按自然大小顺序成一良序集，故 W 有一序数 Ω。由序数性质可得，Ω 必比 W 中任一序数都大，但根据定义，Ω 也出现在 W 中，从而将有 $\Omega > \Omega$。这是自相矛盾的。之后，集合论的奠基人康托尔自己发现集合论中存在不少悖论。罗素悖论则因通俗易懂而在更大范围内被人知晓。继 1902 年英国哲学家、数学家、逻辑学家、历史学家、文学家、分析哲学的主要创始人伯特兰·阿瑟·威廉·罗素(Bertrand Arthur William Russell，1872—1970)发现集合论中一个悖论之后，又陆续发现了一些悖论。其中最著名的是罗素于 1919 年给出的：某村的理发师宣布了这样一条原则，即他给所有不给自己刮脸的人刮脸，并且，他为村里所有符合这一原则的人刮脸。那么人们不禁要问："理发师是否自己给自己刮脸？"如果他不给自己刮脸，那么他按原则就该为自己刮脸；如果他给自己刮脸，那么他就不符合他的原则。

罗素悖论的精确表述为：

> 如果存在一个集合 $A = \{X \mid X \notin A\}$，那么 $A \in A$ 是否成立？如果它成立，那么 $A \in A$，不满足 A 的特征性质。如果它不成立，A 就满足了特征性质。

这些悖论的出现动摇了整个数学大厦。无怪乎德国数学家、逻辑学家和哲学家弗里德里希·路德维希·戈特洛布·弗雷格(Friedrich Ludwig Gottlob Frege，1848—1925)在收到罗素的信之后，在他刚要出版的《算术基本法则》第 2 卷末尾写道："一位科学家不会碰到比这更难堪的事情了，即在工作完成之时，它的基础垮掉了，当本书等待印出的时候，罗素先生的一封信把我置于这种境地。"

危机产生后，数学家们纷纷提出自己的解决方案。人们希望能够通过对康托尔的集合论进行改造，通过对集合的定义加以限制来排除悖论，这就需要建立新的原则。"这些原则必须足够狭窄，以保证排除一切矛盾；另一方面又必须充分广阔，使康托尔集合论中一切有价值的内容得以保存下来。"1908 年，策梅罗(Zermelo，Ernst Friedrich Ferdinand，1871—1953)在这一原则基础上提出了第一个公理化集合论体系，后来经其他数学家改进，称为 ZF 系统。这一公理化集合系统很大程度上弥补了康托尔朴素集合论的缺陷。除 ZF 系统外，集合论的公理系统还有多种，如约翰·冯·诺依曼(John von Neumann, 1903—1957)等人提出的 NBG 系统等。

公理化集合系统成功排除了集合论中出现的悖论,从而比较圆满地解决了第三次数学危机。但从整体来看,到目前该问题的解决还未达到完全令人满意的程度。由于集合概念已经渗透到众多的数学分支中,并且实际上它已经成了数学的基础,因此集合论中悖论的发现自然地引起了人们对数学的整个基本结构的有效性的怀疑。

数学史上第三次危机的出现使得数学基础问题第一次以最迫切的需要的姿态摆到数学家面前,导致了数学家更加重视对数学基础的研究。而这方面的每一点又进一步极其深刻地影响了整个数学。围绕着数学基础之争,形成了现代数学史上著名的逻辑主义、形式主义和直觉主义三大数学流派,各派的工作都极大地促进了数学的发展。

2 关于数学探究方法论

2.1 关于数学探究方法的各家观点

数学探究究竟应当用什么方法?这是所有研究数学的人都想知道,但又极难回答的问题。不同的数学家由于研究的问题不同,回答也就不一样。可以说,歧义互见,众说纷纭。下面,本章试着列举几例,予以说明。

(1)关于科学问题的"万能方法"。法国哲学家、数学家、物理学家、解析几何学奠基人勒内·笛卡尔在 1637 年完成了三篇论文《折光学》《气象学》和《几何学》,并为此写了一篇序言《科学中正确运用理性和追求真理的方法论》,当年 6 月 8 日在莱顿匿名出版,哲学史上简称其为《方法论》。

笛卡尔的"万能方法"可以简化为四步:第一步,将任何问题转化为数学问题;第二步,将数学问题转化为代数问题;第三步,将代数问题转化为方程求解的问题;第四步,将一组方程问题转化为一个方程的问题。

表达笛卡尔"万能方法"较好的简要步骤为:

任何问题→数学问题→代数问题→方程问题

笛卡尔把这一方法称为数学建模。解析几何学的建立是把几何问题转化为代数问题最好的范例。

(2) 关于在数学探究过程中直觉思维的作用。直觉思维在数学发现中起着十分重要的作用。英国沃里克大学数学教授伊恩·斯图加特(Ian Stuttgart, 1945—)说："直觉是真正的数学家赖以生存的东西。"亚里士多德甚至说："直觉就是科学知识的创始性根源。"

(3) 关于在数学探究过程中类比的价值。当然,也有人对类比情有独钟。类比是根据两个(或多个)对象内部属性、关系的某些方面相似,而推出它们在其他方面也可能相似的推理。著名哲学家康德(Immanuel Kant, 1724—1804)指出："每当理智缺乏可靠论证的思路时,类比这个方法往往能指引我们前进。"著名天文学、数学家开普勒(Johannes Kepler, 1571—1630)说："我珍视类比胜于任何别的东西,它是我最可信赖的老师,它能揭示自然的奥秘……"

(4) 关于在数学探究过程中观察的意义。观察也在数学研究中扮演着重要的角色。观察是数学家获取信息和发现问题的重要途径,通过观察数学现象和实例,数学家可以发现其中的规律和特点,进而提出有价值的猜想和假设。欧拉(Leonhard Euler, 1707—1783)说过："数学是一门需要观察、实验的学科。"

(5) 关于在数学探究过程中穷举法的地位。人类首次将 42 写成了 3 个整数的立方和,2019 年,这成为数学界的一大新闻,因为这意味着最后一个 100 以内的自然数(除 $9n \pm 4$ 型的自然数都不能满足这个方程外)终于可以用 3 个整数的立方和表示出来了!

$$42 = (-80\,538\,738\,812\,075\,974)^3 + 80\,435\,758\,145\,817\,515^3$$
$$+ 12\,602\,123\,297\,335\,631^3$$

2019 年 3 月,美国布里斯托大学数学教授安德鲁·布克(Andrew Booker, 1976—)用超级计算机运算了三周终于找到了用 3 个整数的立方和表示 33 的解,之后他联合麻省理工学院数学系首席研究科学家去解决用 3 个整数的立方和表示 42 的问题。

9 月 6 日,经过全球近 50 万名志愿者家中电脑后台几个月不间断地计算,42 也终于被解决了,这意味着 100 以内的自然数立方和的整数解全部被找到。

解决用 3 个整数的立方和表示 33 和 42 的解的问题,用的是穷举法。穷举法是解决数学问题的一种重要方法。它的一般过程就是遍历所有可能的解,从中找出正确的答案。

通常，人们对穷举法都敬而远之。在很多情况下，这是一个非常费力的工作。

在 ChatGPT 问世之后，著者就让 ChatGPT 去找 299 可能的质因数。仅几秒的时间，ChatGPT 就给出了答案：$299 = 13 \times 23$。

当问及解题思路时，ChatGPT 的回答是运用穷举法。在人们进一步追问穷举法是否太繁琐与费时，ChatGPT 告诉我们，只要人们掌握了被除数与除数之间的关系，穷举法就是非常简便与实用的方法之一。请注意，这里用的是"非常简便与实用的方法之一"。

ChatGPT 举例说：如果 299 存在质因数，它必有一因数小于 18，因为 18 的平方已经是 324 了。所以，其可能的一个解只在 2—17 这 16 个数中。这叫做"区间估计"。

然后，因为 299 不是偶数，所以在 16 个可能的数中，偶数就不用考虑了，由此人们就可以将 2 的倍数全部删去；任何正整数，其在个、十、百、千、万位上的和能被 3 整除，该数就能被 3 整除；由连续的三个自然数组成的百位数一定能被 3 整除；在个位数上的数为 5 或 0，则该数能被 5 整除。299 显然不符合这些条件，所以 3 与 5 的倍数都可删去。这叫做"优化剪枝"。

留下的只有 7、11、13、17 四个可能的解，逐一尝试，很快就能找：$299 = 13 \times 23$。

最后一步，当然就是验证。将找到的结果代入原式，以证明解的正确性。

关于数学探究方法，人们还可以举出很多。然而，人们可以肯定地说，上述方法都有其独特的作用，但是其作用是因人而异、因地而异、因题而异的。同时，对数学探究从不同维度上加以区分，人们就会得出不同的方法。一般情况下，数学家在运用了一种方法取得成功后，他就会更依赖这一方法，当然，对这一方法也会运用得更加娴熟和得心应手。更重要的是，从根本上来说，探究方法与探究者正在进行的探究课题以及研究课题处在哪一阶段有重要联系。离开了正在研究的课题与其所处研究阶段的特点，谈最好的方法是没有意义的。因而，必须结合数学探究过程，人们才能根据自身的智能强项，找到最恰当的方法。

2.2　数学探究过程与数学探究过程中的方法

在数学探究过程中，当我们问及数学家是如何开展研究的，以及他们的思维过程和研究方法时，"文心一言"给出的回答是：

数学家的研究工作通常涉及以下几个方面：

提出问题：数学研究的起点是问题，因此数学家会首先提出一个可行的数学问题。这些问题可以是关于数学理论、算法、应用的,或者是关于数学在实际领域中的使用的。

收集资料:为了更好地研究和解决问题,数学家需要收集相关的数学资料,包括书籍、期刊论文、实例问题等。他们还需要了解相关领域的最新研究成果,以便确定研究的方向和思路。

梳理思路:将收集到的资料进行整理和归纳,拾起问题的主线,并把相关知识点联系起来。这个过程需要数学家对问题进行深入的分析和理解,并寻找解决问题的方法和途径。

提出假设:在了解问题的基础上,数学家会根据对问题的理解和掌握,有针对性地提出猜想和假设。这些假设通常基于已有的数学理论和经验,但也需要一定的创新和想象力。

进行证明:利用已掌握的数学知识,对所提出的猜想或假设进行证明。证明过程需要严谨的逻辑和分析能力,以及对数学原理的深入理解。

分析结果:分析证明的结果,并查看是否与预期的一致,对结果进行合理的解释和评价。如果证明的结果与猜想不符,需要修改或调整问题并重新展开研究。

调整问题:在研究过程中,如果证明的结果与猜想不符,数学家需要修改或调整问题并重新展开研究。这个过程可能需要重新审视问题的定义和方法,或者寻找新的数学工具和算法来解决问题。

总的来说,数学研究需要持续不断的学习和探索,需要多方面的思考和分析,有助于更好地理解和解决问题。

数学家在研究过程中,一般会使用以下几种方法:

推理和证明:这是数学研究的基本方法,通过推理和证明来建立数学定理。数学家通过逐步推导和证明相关命题之间的逻辑关系,从而得到新的数学定理。

归纳和演绎:在数学研究中,归纳和演绎是两种常用的方法。归纳是基于一系列特例的观察和总结,从而推断出普遍规律。而演绎则是根据已知事实和逻辑原则推导出其他结论。

建模和求解:在解决实际问题或研究新的数学领域时,数学家会使用建模和求解的方法。建模是用来描述和分析问题的方法,而求解则是利用数学工具或算法找到问题的答案。

数值计算和模拟：对于一些涉及数值的问题，数学家会使用数值计算和模拟的方法。数值计算是通过计算机程序来进行精确或近似计算的过程，而模拟则是利用数学模型来预测或模拟真实世界的现象。

反推和化归：反推和化归是解决复杂数学问题时常用的方法。反推是从问题的结果出发，逆向推理出导致结果的条件或步骤。化归则是将问题转化为其他相关问题，从而利用已知的解决方案来找到原问题的答案。

图形化和可视化：图形化和可视化是现代数学研究中常用的方法。通过图形或图表的形式将复杂的数据或关系直观地呈现出来，有助于更好地理解和分析问题。

学习和探索：数学研究需要持续不断地学习和探索。数学家会通过阅读文献、参加学术会议、与同行交流等方式来不断更新自己的知识和技能，并探索新的研究方向和方法。

这些方法并不是孤立的，而是相互交织、相互促进的。在数学研究中，数学家会根据具体的问题和研究领域选择合适的方法来解决问题。

接着"文心一言"又补充说：

除了推理和证明、归纳和演绎、建模和求解、数值计算和模拟、反推和化归、图形化和可视化以及学习和探索等方法，数学领域还有其他一些常见的研究方法，例如：

代数方法：代数方法是一种通过代数运算和代数结构来研究数学对象的方法。代数方法在数学领域中有着广泛的应用，包括代数学、线性代数、抽象代数等。

微积分方法：微积分是研究函数和变量变化的数学分支，微积分方法在数学领域中有着重要的应用，包括极限、导数、积分等。

概率论和统计学方法：概率论和统计学是研究随机现象的数学分支，概率论和统计学方法在数学领域中有着广泛的应用，包括概率分布、随机过程、统计推断等。

几何方法：几何方法是一种通过几何性质和结构来研究数学对象的方法。几何方法在数学领域中有着广泛的应用，包括解析几何、拓扑学、微分几何等。

逻辑方法：逻辑方法是研究推理和证明的数学分支，逻辑方法在数学领域中有着广泛的应用，包括数理逻辑、集合论等。

近似计算和数值逼近：近似计算和数值逼近是一种通过数值计算和逼近来研

究数学对象的方法。近似计算和数值逼近在数学领域中有着广泛的应用,包括数值逼近、插值计算等。

数学建模和模拟:数学建模和模拟是一种通过建立数学模型并对其进行模拟来研究现实世界的方法。数学建模和模拟在科学、工程、经济等领域中有着广泛的应用。

这些回答对我们很有启发。为此,本书下一节将结合数学探究活动组织的讨论,对数学探究的程序与方法作更细致的研究。

3 关于数学探究活动的组织与指导

总体而言,数学研究都是从合情推理中获得猜想或假设开始的,以演绎推理去证明或证伪猜想或假设。这一活动一般要经过以下五个阶段。

第一,提出问题与猜想。提出问题的过程就是选择课题的过程,任何科学研究都是从提出问题开始的。爱因斯坦强调:"提出一个问题往往比解决一个问题更重要。"[1]这句名言指出了提出问题的价值。

在古代,尤其在远古时期,数学问题是从田亩测量等事关人们日常生活开始的。于是,直觉、观察、类比就成了这一时期提出问题与猜想的基本方法。早在古希腊,关于力与物体运动速度的关系,正是在观察的基础上,亚里士多德(Aristotle,公元前384年—公元前322年)得出了关于物体运动的猜想:"凡是运动的物体,一定有推动者在推着它运动","当没什么东西推它时,它就会停止移动"。这些猜想是建立在日常经验之上的。此外,亚里士多德还认为,物体下落的快慢是由物体本身的重量决定的,物体越重,下落得越快;反之,则下落得越慢。亚里士多德的理论影响了其后两千多年的人。

观察是数学研究最初的出发点,它运用类比等方法找出问题可能的解,这叫"合情推理";在"合情推理"的基础上把可能的解作为假设,对假设做出验证,这叫"演绎推

---

① [英]亚当·斯密.国富论[M].杨敬年,译.西安:陕西人民出版社,2001:总序.

理",被演绎推理证明的解就是该题确定的解。

不过基于观察、类比与联想得到的"合情推理"具有很大的不确定性。它还需要演绎推理或实验研究加以证明。就拿上面两个例子来说,不幸的是,像亚里士多德那样伟大的人物,建立在日常经验基础上的这些猜想都错了。前一个猜想后来被牛顿推翻。牛顿第一定律指出:任何物体都保持匀速直线运动或静止状态,直到外力迫使它改变运动状态为止。后来,人们进一步的研究发现:牛顿第一定律并不是在所有的参照系里都成立,实际上它只在惯性参照系里才成立。因此常常把牛顿第一定律是否成立作为一个参照系是否为惯性参照系的判断依据。后一个猜想则被意大利科学家伽利略(Galileo Galilei, 1564—1642)的斜塔实验证明是错误的。关于伽利略的斜塔实验,我们将在第五章中作进一步介绍,这里就不再展开了。

当然,由亚里士多德的猜想被证伪,我们想说明的是"合情推理"的局限性,并没有否认"合情推理"在提出问题与数学猜想中的重要作用。有时,由"合情推理"得到的猜想是半真半假的,当然更多的时候被证明是正确的。其中半真半假的著名例子是欧拉关于 36 名军官问题的猜想。据传,在 18 世纪的欧洲,普鲁士的腓特烈大帝曾组成一支仪仗队。仪仗队共有 36 名军官,来自 6 支部队,每支部队中,上校、中校、少校、上尉、中尉、少尉各一名。他希望这 36 名军官排成 6×6 的方阵,方阵的每一行、每一列的 6 名军官来自不同的部队并且军衔各不相同。也就是说,在两因素中每一因素在任何一行以及任何一列中不能出现两次以上。这样的方阵在数学上叫做"正交拉丁方阵"。它在科学研究实验设计中有着重要作用。按照腓特烈大帝的要求,人们怎么也排不出这样的方阵。为此,他去求教瑞士著名的大数学家欧拉。欧拉发现这是一个不可能完成的任务。

在这一基础上,欧拉提出了一个著名的猜想——不存在 $n = 4m + 2$ 阶的正交拉丁方(其中 m 为任意正整数)。到 1901 年法国的加斯顿·塔里(Gaston Tarry, 1843—1913)证明了欧拉猜想在 $n = 6$ 时是正确的。

然而,1959 年 11 月《科学美国人》的封面再现了一幅神奇的油画作品,10 阶方阵中每行每列都由不同颜色构成,每个方格内都含有一对不与其他方格重复的颜色组合,这幅油画证明了 10 阶正交拉丁方阵的存在。

随后,1960 年印度数学家萨特延德拉·纳特·玻色(Satyendra Nath Bose, 1894—1974)等证明了除 m 等于 0 和 1 以外,其他的 $4m + 2$ 型的正交拉丁方阵都存

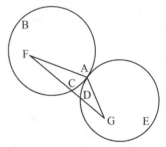

图4.4 《科学美国人》封面油画
——10阶正交拉丁方阵

在,也就是说除了 m 等于 0 和 1 以外,欧拉猜想都不正确。①

欧拉在合情推理基础上提出的猜想只有在 m 等于 0 和 1 时成立,而在其他情况下被证伪了,这就是合情推理的局限性。

在古代,人们大多是在生活与生产的实际中发现问题,经过观察、类比与联想找到猜想或解决问题的答案的。

在现代,数学家大多都非常在乎数学学术发展的问题,在追求数学的精致与完备中发现数学问题。德国著名数学家希尔伯特(David Hilbert, 1862—1943)在 1900 年 8 月巴黎国际数学家代表大会上提出了 23 个最重要的数学问题,对这些问题的研究一直引领着 20 世纪至今数学研究的格局与走向。希尔伯特提出的问题有些现已得到圆满解决,有些至今仍未解决。

事实上,对于中小学师生来说,在数学探究中提出问题是不容易的,更不容易的是学生在"理所当然"中发现问题的能力。

如图4.5 所示。圆 B 与圆 E 外切于 A 点,F、G 分别为两圆的圆心。在中学生中,很多人自然地将 F、A、G 连作一条直线,去求两圆的边长之和,或者面积之和。在大家看来这是没有问题的。然而,在几何学的鼻祖欧几里得看来,这是有问题的,因为在欧几里得关于几何的五条公理中,第一条为:任意一点到另外任意一点可以画一条直线。这也就是说,过两点可以作一条直线。在三点中,任意两点都可以作一条直线,三点是否共线则需要证明,《几何原本》给出了这一证明。

两圆外切,连心线过切点。

图4.5 《几何原本》关于两圆外切三点共线的证明示意图

事实上,在科学研究中,很多被人们认为是理所当

---

① 刘秀梅.拉丁方与正交拉丁方的应用和构造[J].宁德师专学报(自然科学版),2010,22(4): 347—349.

然的事,其实并非理所当然的。"平行线永不相交",或者"过直线外一点有且只有一条直线和已知直线平行",在欧几里得的几何体系中把它们作为几何学的"公设"。在这以后的两千多年时间里,这两条一直被认为是理所当然的,直到 1826 年 2 月 23 日,俄罗斯数学家罗巴切夫斯基公布了他的论文《几何学原理及平行线定理严格证明的摘要》,这篇论文最重要的地方是提出了"过直线外一点至少有两条不同的直线和已知直线平行"。这一重大成果刚一公诸于世,就遭到正统数学家的冷漠对待和反对。然而,这种冷漠对待和反对并没能阻止罗巴切夫斯基几何(Lobachevskian Geometry)的诞生。

了解这些历史对理解数学研究的范式有着很大帮助,但是试图把这些数学大咖的猜想作为中小学数学探究课题显然是不切实际的。在数学研究中,往往是一些数学大咖提出猜想,众多数学家去证明或证伪这些猜想。比如,我国著名数学家陈景润就把毕生精力献给了"哥德巴赫猜想"。当然,"哥德巴赫猜想"至今还未完全得到解决。

在中小学,一般都是教师根据课堂教学中学生遇到的具有普遍性,且具有较高学术含量的问题提出探究课题,由学生个体或小组探究解决。数学探究的课题与数学难题不同,探究课题通常是把一类具有挑战性与普遍性的问题归类,以解决某类数学问题,它指向的是数学思维能力的提升。因而,在中学生进行数学探究时,需要明确的是:其假设是隐含在课题之中的。

关于中小学数学探究课题的设计,笔者特别推荐"阶梯式"递进的探究方案。比如,在本章的建议课题中有"哥尼斯堡七桥问题深化研究"。事实上,这一课题可以分三个阶段:第一阶段,让学生在充分理解由奇、偶点来判断是否能够一笔画的基础上,找到走完的最短途径;第二阶段,让学生对自己找到的最短途径给出数学证明;第三阶段,设计一辆智能小车,通过编程让它以最短途径配送物资。这三个阶段由易到难、由简到繁,有利于学生在成功的基础上自我激励。

第二,研究方案设计。研究方案设计包括资料收集、文献整理,以及探究思路梳理等工作。为了更好地研究和解决问题,学生需要收集相关的资料,包括相关的书籍、期刊论文,了解相关领域的最新研究成果,选择研究方法,确定技术线路,以便确定探究活动的突破口、方向和思路。

不同的探究课题需要用到不同的方法,因而技术线路也会有很大的不同。数学归纳法、反证法、分类讨论法甚至穷举法,根据探究课题的需要都在人们选择的范围中。

在团队合作探究的情况下,研究方案还应当对成员之间的分工做出合理的安排。凡事预则立,不预则废。设计良好的探究方案对于学生开展数学探究工作有着重要作用。

不过,对于一些著名的数学家来说,这一过程往往是被他们自动忽略的。他们在数学研究过程中天马行空,在大多数情况下,是凭着自己的直觉开展研究的。印度史上最著名的数学家斯里尼瓦瑟·拉马努金(Srinivasa Ramanujan, 1887—1920),他没受过正规的高等数学教育,尤爱牵涉 π、质数等数学常数的求和公式,以及整数分拆,惯以直觉导出公式,甚至从梦中得到启示,从而发现了新的数学公式和命题。然而,他所提出的公式事后往往被其他数学家证明是对的。他留下的那些没有证明的公式,引发了后来许多数学家深入的研究,成为了后来数学领域的研究基础。

第三,分析与证明。在这一阶段学生要利用已掌握的数学知识和已知条件,对所提出的猜想或假设进行证明。证明过程需要严谨的逻辑和分析能力,以及对数学原理的深入理解。

类比、联想、灵感在这一过程中,很可能起着很重要的作用。同学在这一阶段不要害怕出错,可以说,探究的过程就是试错的过程,在不断纠正错误的过程中,最终能取得成功。

学会反思,在这一阶段也是很重要的。反思就是不断地总结经验。比如,通过反思,人们可能会发现:在几何图形的证明中,"对称"可以极大地简化数学证明的过程;几何图形的最值往往出现在图形的几个特殊点上,点没有特殊性,它就没有理由成为最值点;等等。

在这一过程中,教师应对学生探究活动的全过程都予以恰当的关注。对学生探究过程的关注并不是在学生遇到困难时就出手提供帮助。在探究过程中遇到困难,是难免的事。学生坚毅的品质、不屈不挠的精神正是在克服各种困难的过程中逐步提升的。当且仅当学生遇到困难准备退却时,教师要给予学生恰当的鼓励,并对课题探究给予原则性的建议。

在团队研究的情况下,当学生内部对研究工作存在意见分歧时,教师应当鼓励他们心平气和地展开讨论,不要轻易地"站队",让他们各抒己见,这对培养学生的团队意识有重要意义。在科学史上,导师偏爱一些学生而忽视另一些学生,导致研究工作迟迟得不到结果的情况也是屡见不鲜的。一种较好的处理方法是鼓励他们各自按照自己的思路研究下去,可能结果殊途同归,对于数学来说,也可能得到两种各有特点的解决方案。

"各美其美,美人之美"是科学家应有的格局与境界,不把学术之争变成意气之争,这是学生在合作探究过程中要注意的问题,也是教师在组织探究过程中需要加以引导的问题。

第四,成果报告的撰写。成果报告是对整个探究过程的总结,而不只是对探究结论的陈述。所以,成果报告需要讲清探究的缘起,包括探究的背景、探究的价值;探究过程,在探究过程中遇到的困难;难点的突破与取得的成果,成果的创新点;等等。

第五,探究成果展示。数学家的研究成果一般都是通过严格的同行评审,在专业期刊发表的。对于中小学生来说,通常很难达到这种程度。在学校举办的科技节上做场学术报告,展示自己在研究方面取得的成绩,这一过程既起到了与同学分享探究成果的作用,又是对自己探究工作的激励。

此外,运用展板展示学生的探究成果也是一种很好的形式。

数学探究活动的评估指标与量表

4.1 数学探究活动的评估指标

（1）数学探究的意识

（2）对课题已知条件的分析中概念与原理的运用

（3）研究方案设计的恰当性

（4）研究思路的清晰性与灵活性

（5）研究结论的科学性

（6）研究报告表达的准确性与艺术性

4.2 数学探究活动的评估量表

（1）数学探究的意识

等级	等级描述	关键观察点
A	该生充分理解数学探究的意义,对数学问题有执着的追求,有较强烈的提升自己数学思维能力、运用数学概念与原理解决自然和社会问题的欲望。	该生对客观世界的数量关系与空间形式有着强烈好奇性,平时与同学讨论最多的就是数学问题,对遇到的数学问题都有尝试解决的冲动。
B	该生热爱数学,也有一定的提升自己数学思维能力、表现自己数学探究的愿望。	该生深知提升数学思维能力对实现个人理想的重要性,有较强的数学探究意识。
C	该生深知数学在高考中的重要性,只要能提高高考成绩,也愿意在数学探究方面作出一定的努力。	该生喜欢数学,能根据学校的安排或同学的建议开展数学探究活动。

（2）对课题已知条件的分析中概念与原理的运用

等级	等级描述	关键观察点
A	该生有深刻的思维力,善于把握课题已知条件的关键点,发掘本课题与相近课题已知条件的相同点与不同点,对有关概念与原理的运用准确。	善于把握本课题与相近课题已知条件的相同点与不同点,从而找到课题研究的突破口。
B	该生有一定的思维力,在教师启发下能够把握本课题与相近课题已知条件的相同点与不同点。能够较为准确地运用有关概念与原理。	在教师启发下能把握本课题与相近课题已知条件的相同点与不同点,在这一过程中对有关概念与原理的运用准确。
C	该生思维力一般,运用相关概念与原理发掘本课题与相近课题已知条件的相同点与不同点能力有待提高。	该生对本课题与相近课题已知条件的相同点与不同点的辨识存在一定的困难。

（3）研究方案设计的恰当性

等级	等级描述	关键观察点
A	该生研究思路清晰,见解独到,表现在研究方案中为,在研究过程中采取的步骤与方法出人意料,却在情理之中。	见解独到,研究步骤与方法出人意料,却在情理之中。

等级	等级描述	关键观察点
B	该生的研究思路与研究问题之间有较高的一致性,但少有一定新意的亮点。	研究思路与研究问题之间有较高的一致性,但少有亮点。
C	该生的研究步骤和方法与研究课题之间缺乏应有的关联。	研究步骤、方法与研究课题之间缺乏应有的关联。

（4）研究思路的清晰性与灵活性

等级	等级描述	关键观察点
A	在研究过程中,敏于把握关键的突破点,能灵活地运用已知的概念与原理来解决课题面临的问题。	能灵活地运用已知的概念与原理来解决课题面临的问题。
B	在研究过程中,对关键点的把握灵敏性稍有欠缺,对概念与原理的运用有时也不太灵活。	对关键点的把握游移不定;或对概念与原理的运用灵活性不够。
C	对课题突破的关键点把握游移不定;运用概念与原理解决问题的灵活性不够,手段单一、陈旧、老套。	对关键点的把握游移不定;解决问题的灵活性不够,手段单一、陈旧、老套。

（5）研究结论的科学性

等级	等级描述	关键观察点
A	该研究结论科学,符合数学研究规范,经得起各方检验。	推理过程严密,表达符合数学规范,经得起检验。
B	该研究结论科学,但其表述不够规范,推理过程也不够严密。	表述不够规范,或推理不够严密。
C	研究结论经不起推敲,推理过程不够严密。	推理过程不够严密,研究结论经不起推敲。

（6）研究报告表达的准确性与艺术性

等级	等级描述	关键观察点
A	研究报告表达准确,80%以上的同学表示能够理解其表达的结论。	80%以上的同学表示能够理解其表达的结论。

等级	等级描述	关键观察点
B	研究报告表达准确,但不易为同学接受,50%左右的同学表示没看(听)懂研究报告的结论。	50%左右的同学表示没看(听)懂研究报告的结论。
C	研究报告表达较为晦涩、难懂,大部分同学表示看不懂研究报告。	大部分同学表示看不懂研究报告。

如前所述，课题是探究活动的载体。根据中小学生的认知能力，本书推荐下述几个数学探究课题，以供同仁参考。

常用特殊数与其倍数之间关系特点的研究

倍数与因数，被除数、除数、商及余数，是小学算术中的基本概念。正因为它们是基本的，所以也是最重要的，它们将伴随着我们数学学习的整个过程。把这些数的关系研究清楚，对学生学习与研究数学有着极大的帮助。

（1）2是最小的偶数，任何偶数都能被2整除，所以2是它们共同的因数。

（2）任何数，其在个、十、百、千、万……位上的数字之和能被3整除，该数就能被3整除，并且任何连续的三个自然数构成的三位数一定能被3整除。

（3）在个位数上的数为5或0的数，能被5整除。能被10整除的被除数，其个位数一定为0。

（4）一个正整数，如果存在：个、十、百、千、万、十万、百万、千万……位上的数字正负交替相加，其和为零，则该数能被11整除。

比如367543，$3-6+7-5+4-3$，或者$-3+6-7+5-4+3$的和为0，则该数就能被11整除。

（5）任一型如$abcabc$的数，其中abc为任意非零整数，就一定能被7、11和13整除。比如：

$$971971 \div 7 = 138853$$

$$971971 \div 11 = 88361$$

$$971971 \div 13 = 74767$$

其实2、3、5、7、11、13、17与19等数，在学习数学过程中是经常用到的数。尤其是在因式分解、解高次方程与估算被除数和除数的余数时，都有很大用处。

本课题的探究能在很大程度上提升同学的"数感"，即对"数"的敏感性，深刻地理解数与数之间的关系，牢固掌握因数、余数、最大公约数、最小公倍数的概念与求解方法。

本课题要求学生找出能被 7、13、17 等数单独整除的被除数的特点。

本课题比较适合数学爱好者个体研究,取得成果后发布并与同学分享。

参考文献

[美]R·柯郎,H·罗宾.什么是数学:对思想和方法的基本研究(中文版第四版)[M].左平,张饴慈,译.上海:复旦大学出版社,2017:44.

无理数的性质及其在数轴上的表示方法探寻

在我国某省的一年中考中,有下列代数题(式中 X、Y 为有理数),难倒了不少考生:

$$\sqrt{2}(x-3y+1)+\sqrt{3}(x+y-3)=0$$

其实如果对无理数的性质有较为深刻的认识的话,这一题是很容易求解的。如前所述,在数学史上,无理数的出现导致了第一次数学危机,出现了"2 的平方根"这一类"没有理性的数"。本课题要求:能在直角坐标系上用无刻度的直尺与圆规找到无理数的精确坐标。

图 4.6 尺规作图工具

本课题的价值在于:加深对有理数与无理数之间区别的理解,提高把数学问题与生活中的实际问题联系起来的能力;在活动中学会寻求用简单的方式去替代复杂的方式,在实际生活中找到解决复杂问题的途径。

求 $\sqrt{2}$、$\sqrt{3}$ 等无理数的值可以有多种方式。同学可以把它当作一个数学实验来做，看看哪位同学找到的方法最多。

进阶课题："称重"π。通过动手实验，求出包括 π 在内的各类无理数的近似值。三国时期，吴国孙权送给曹操一只大象，曹操十分高兴。大象运到许昌那天，曹操带领文武百官和小儿子曹冲一同去看。这大象又高又大，光说腿就有大殿的柱子那么粗。曹操对大家说："这只大象真是大，可是到底有多重呢？你们哪个有办法称它一称？"

大臣们想了许多办法，不过一个都行不通。这时，从人群里走出一个小孩——曹操的儿子曹冲。他对曹操说："父亲，我有个法儿，可以称大象。"曹操听了曹冲的办法后，连声叫好。于是就叫大臣们一起去看称象。大家来到河边，河里停着一只大船，曹冲叫人把大象牵到船上，等船身稳定了，在船舷上齐水面的地方，刻了一条道儿。再叫人把大象牵到岸上来，把大大小小的石头，一块一块地往船上装，船身就一点儿一点儿往下沉。等船身沉到刚才刻的那条道道和水面一样齐了，曹冲就叫人停止装石头。

大臣们起先还摸不清是怎么回事，看到这里不由得连声称赞："好办法！好办法！"现在谁都明白，只要把船里的石头都称一下，把重量加起来，就知道象有多重了。

当然，在当时曹冲还不知道更早的时候，古希腊伟大的科学家阿基米德已经发现了浮力定理，即物体在水中受到的浮力等于它排出水的重量。曹冲凭着自己的直觉也发现了这一定理，并利用它称出了大象的重量。用碎石排出水的重量来代替大象排出水的重量，这就是等量代换。

曹冲称象利用了阿基米德原理：物体的重量在水中等于其受到的浮力，也等于其排开水的重量。用碎石的重量代替大象的重量，在数学上这就叫"等量代换"，在当时这是很有意义的创新之举。等量代换在解数学题的时候也有很大作用，用一些简单的量去代替复杂的量在很多时候能收到意想不到的效果。

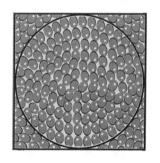

图 4.7　利用黄豆称重 π 示意图

图 4.7 中，如果每个黄豆的形状、大小、重量都相同，你能利用黄豆通过动手实验，求出包括 π 在内的各类无理数的近似值吗？如果不用黄豆，改为绿豆、大米，实验会有变化吗？在比较了利用黄豆、绿豆或大米"称重"π 后，同学们有哪些发现，你能找到更多、更精确地估算 π 的方法吗？据说，现代数学爱好者已经找到了 360 余种估算无理

数近似值的方法。

参考文献

［古希腊］欧几里得. 几何原本［M］. 燕晓东, 译. 南京：江苏人民出版社, 2011：总序.

洛书幻方的对称性与递归构造方法探究

在人教版的初中数学教材中, 有对 3 阶幻方的介绍。幻方起源于我国, 据传在 4 000 多年前, 面对到处泛滥的洪水, 大禹正在苦思治水良策, 此时, 洛水中出现了一只背负美妙图案的神龟, 这个图案为大禹治水提供了根治洪水的根本性方案。这一图案史称"洛书"。

洛书以符码的形式呈现出了治水的基本方略。大禹据此开九山, 掘九河, 成功地治理了当时成为人们心头大患的洪水。

今天我们如果用阿拉伯数字重新整理洛书, 就会发现洛书就是 3 阶幻方, 如图 4.8 所示。幻方是指横行、竖列、主副对角线上数的和都相等的整数方阵, 其中 3×3 的叫 3 阶幻方, 4×4 的叫 4 阶幻方, 5×5 的叫 5 阶幻方, $n \times n$ 的叫 n 阶幻方。

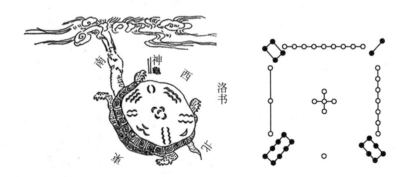

图 4.8　洛书与 3 阶幻方

学界通常按照幻方的阶数把它分为奇数型幻方, 比如 3 阶、5 阶与 7 阶幻方；双偶型幻方, 也称 $4m$ 型幻方, 即它的阶数能被 4 整除的幻方；以及单偶型幻方, 即其阶数能被 2 整除, 但不能被 4 整除的幻方, 比如 6 阶、10 阶；等等。

这一神秘的幻方在民间吸引了一代又一代人的兴趣, 被当作数学游戏检验人们的智慧。金庸在《射雕英雄传》中就设计了一个情节, 古灵精怪的黄蓉受伤后找到瑛姑寻求帮助,瑛姑则以她十多年未解出的 3 阶幻方为条件,换取对黄蓉的治疗。由此可见,金庸对幻方也是有着浓厚兴趣的。

求解 3 阶幻方不易,求解高阶幻方更难。然而,只要读懂洛书与各阶自然数方阵,掌握它们构成的内在规律,构造任何高阶幻方就是轻而易举的事了。

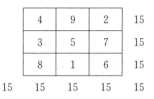

图 4.9　洛书幻方阿拉伯数字的表示

幻方的特点是:其每行每列与主副对角线上所有数之和均等于一个常数,这个常数被称作"幻和",3 阶幻方的幻和为 15。

自然数方阵是人们在学习与日常生活中司空见惯的,以至于熟视无睹。其实这一自然数方阵美轮美奂,且蕴含着深刻的自然与社会道理。

为加深对自然数方阵美学特征的了解,人们可先从 1—81 的 9 阶数字方阵谈起。图 4.10 为 1—81 的自然数方阵,请你仔细观察这一方阵有什么规律。

1	2	3	4	5	6	7	8	9
10	11	12	13	14	15	16	17	18
19	20	21	22	23	24	25	26	27
28	29	30	31	32	33	34	35	36
37	38	39	40	41	42	43	44	45
46	47	48	49	50	51	52	53	54
55	56	57	58	59	60	61	62	63
64	65	66	67	68	69	70	71	72
73	74	75	76	77	78	79	80	81

图 4.10　1—81 的 9 阶数字方阵

在数字方阵中,人们至少可以发现:

(1) 在第一列,从 1 到 73,所有数字除以 9,得到的商从 0 到 8,它们有共同余数 1。

在数论中,这被称作"同余"。如果两个数除以同一个数所得的余数相同,我们把这两个数叫做关于模同余,记作:

$$a \equiv b \pmod{m}$$

即 a 与 b 对于除数 m,有相同的余数。

在本例中,从 1 到 73 的所有数对于 9 同余,即从 1 到 73 除以 9 都余 1。余数定理(Polynomial Remainder Theorem)又称剩余定理,是初等代数中的一条重要定理。它有很多特殊性质,对解决很多数学问题有着重要作用。

其余各列都有这一重要特征。

(2) 在行上,每一数字对于 9,有共同的商,其余数各不相同,从余 1 到余 9,构成一严密的等差数列。这一性质有着重要意义。

(3) 在主、副对角线上,围绕中心点(即最中心的 41)对称的两数之和"互补",即两数相加之和等于一常数:在 9 阶自然数方阵中,这一常数为 82。

在主对角线上,$1+81=82$、$11+71=82$……$31+51=82$;

在副对角线上,$9+73=82$、$17+65=82$……$33+49=82$。

更一般地,围绕中心点旋转 180° 能够相互重叠的数对于 82 都互补。

这些性质对于人们解决很多数学问题都很有意义。

有了这些准备,我们现在就可以方便地把 9 阶自然数方阵转化为 9 阶幻方了。为方便理解,我们把图 4.10 的自然数方阵以深灰色与浅灰色将列与列、行与行以及宫与宫用不同颜色做了间隔,依次形成了图 4.11、图 4.12 和图 4.13。

1	2	3	4	5	6	7	8	9
10	11	12	13	14	15	16	17	18
19	20	21	22	23	24	25	26	27
28	29	30	31	32	33	34	35	36
37	38	39	40	41	42	43	44	45
46	47	48	49	50	51	52	53	54
55	56	57	58	59	60	61	62	63
64	65	66	67	68	69	70	71	72
73	74	75	76	77	78	79	80	81

图 4.11　以列为单位的 9 阶自然数方阵

1	2	3	4	5	6	7	8	9
10	11	12	13	14	15	16	17	18
19	20	21	22	23	24	25	26	27
28	29	30	31	32	33	34	35	36
37	38	39	40	41	42	43	44	45
46	47	48	49	50	51	52	53	54
55	56	57	58	59	60	61	62	63
64	65	66	67	68	69	70	71	72
73	74	75	76	77	78	79	80	81

图 4.12　以行为单位的 9 阶自然数方阵

1	2	3	4	5	6	7	8	9
10	11	12	13	14	15	16	17	18
19	20	21	22	23	24	25	26	27
28	29	30	31	32	33	34	35	36
37	38	39	40	41	42	43	44	45
46	47	48	49	50	51	52	53	54
55	56	57	58	59	60	61	62	63
64	65	66	67	68	69	70	71	72
73	74	75	76	77	78	79	80	81

图 4.13　以 3×3 九宫为单位的 9 阶自然数方阵

我们把图 4.11 的每一行 9 个数当作一个单元,称为 A1。依照洛书的构造,形成以下 3 阶子幻方:

	4	9	2	15
A1=	3	5	7	15
	8	1	6	15
15	15	15	15	15

图 4.14　由 9 阶数字方阵第一行形成的第一子幻方 A1

然后再对第二行做同样处理,得到 A2:

13	18	11
12	14	16
17	10	15

A2=

图 4.15　由 9 阶数字方阵第二行形成的第二子幻方 A2

重复上述过程,直到第九行,经处理后我们得到 A9:

76	81	74
75	77	79
80	73	78

A9=

图 4.16　由 9 阶数字方阵第九行形成的第九子幻方 A9

幻方有着高度自相似的特点,在此基础上,我们以洛书笔法将它们转化为 9 阶幻方:

A4	A9	A2
Λ3	A5	A7
A8	A1	A6

图 4.17　基于行、列与九宫的子幻方转化示意图

由此,我们得到一个美轮美奂的全对称 9 阶幻方。这里所谓"全对称"是指围绕图中心数"41"将图 4.18 旋转 180°,然后与原幻方相加,那么所有的两两数字之和均等于 82,人们把它称为所有数字对 82"互补"。

31	36	29	76	81	74	13	18	11	369
30	32	34	75	77	79	12	14	16	369
35	28	33	80	73	78	17	10	15	369
22	27	20	40	45	38	58	63	56	369
21	23	25	39	41	43	57	59	61	369
26	19	24	44	37	42	62	55	60	369
67	72	65	4	9	2	49	54	47	369
66	68	70	3	5	7	48	50	52	369
71	64	69	8	1	6	53	46	51	369
369	369	369	369	369	369	369	369	369	369

图 4.18　基于列的 9 阶递归幻方

当然,将9阶自然数方阵转化的方法远不止这些,学生可以充分发挥自己的想象力,找出更多将9阶自然数方阵转化为9阶幻方的途径。

该课题的价值在于:通过该项探究,学生对数字之间相互联系的规律有更深刻的理解,对数学之美更加敏感,掌握对称、守恒等物理世界的"底层架构",提升数学"元认知"的能力。

学生先期要对"对称""守恒""互补"等概念做好研究,为后续的深入研究奠定基础。可以说,对称性原理是物质世界最高层次的规律,运用对称的理念,学生就有了观察世界的新视野。

同时,学生要充分发挥自己的想象力,尽可能多地找到将9阶数字方阵转化为9阶幻方的技术、途径与方法。

在探究过程中,同学特别要关注:在自然界中科学与美学是如何统一起来的。坚信科学与艺术的内在统一,对我们以后从事科学研究有极大帮助。

参考文献
陈玉琨.幻方拼图教程[M].北京:商务印书馆,2021:10.

穿越迷宫:摸墙算法的数学证明

迷宫是世界各国人民,不管青少年还是成年人都很喜欢的游戏。相传迷宫最早出自希腊神话。在公元前 2850 年—公元前 1450 年左右,米诺斯文明(Minoan Civilization/The Minoans)在地中海东部的克里特岛(Crete)逐步得到发展,之后又神秘地消失。在传说中,克里特岛的国王米诺斯(Minos)是众神之王宙斯的儿子。他在与兄弟争夺王位时,曾以献祭一头俊美的白色公牛为条件,请求海神波塞冬(Poseidon)的支持。不过,米诺斯在当了国王后,舍不得宰杀这头俊美的白牛,就用另一头牛代替献给了波塞冬。波塞冬特别生气,于是他施展法力,使王后帕西菲(Pasiphae)爱上了这头白牛。王后和白牛生下了一个牛头人身的怪物米诺陶洛斯(Minotaur)。米诺斯为了遮羞就建造了一座名叫 Labyrinth 的迷宫,把米诺陶洛斯关在里面。

米诺斯每年都会送7对童男童女进来供他儿子享用。后来在米诺斯女儿阿里阿德涅的帮助下,雅典英雄忒修斯靠着一团金线摸进迷宫杀死了这头怪物。

在我国,据《三国志·蜀书卷五·诸葛亮传》所载:"(亮)推演兵法作八阵图。'大阵包小阵,大营包小营,隔落钩连,曲折相对。'"后在《晋书·列传第二十七·马隆传》、《晋书·列传第六十八·桓温传》等多部史籍中对八阵图皆有记载。西晋镇南将军刘弘曾在观游诸葛亮故宅时,令李兴立碑撰文赞扬诸葛亮的功业,其中亦提到了八阵图。唐代诗圣杜甫也曾作《八阵图》一诗以赞孔明:"功盖三分国,名成八阵图。"八阵图具有明显的迷宫的特征,但其真实面貌已不可考。

在浙江省兰溪市市区向西行 18 公里,有一个诸葛亮后裔聚居地,名为"诸葛村"。许多对诸葛八卦村有着浓厚兴趣的人常常前往一探究竟,在无任何向导的情况下,选择了某一个村口进入,沿着巷道看能否顺利抵达村外。结果,进去的人不是屡屡碰到死胡同,就是在岔道口迷了路,好不容易找到了路,却直通村民的家里。总之,兜兜转转好几圈,怎么也走不出来。

近年来,越来越多的人表现出对迷宫研究的极大兴趣。目前人们已经开发了摸墙算法、Pledge 算法、Trémaux 算法、随机鼠标算法、迷宫路由算法与最短路径算法等近10 种解决方案。

摸墙算法是目前穿越迷宫最常用的方法,也称为左手规则或右手规则。如果迷宫是简单连接的,即所有墙面都连接在一起或者连接到迷宫的外层边界,那么通过保持一只手与迷宫的一个墙面接触前行就一定能走出迷宫。而且,如果迷宫只有一个进出口,该算法可以在穿过每个走廊至少一次的情况下走出迷宫。

Pledge 算法是英国埃克塞特的一个 12 岁小男孩约翰·普莱奇(Jon Pledge)在2018 年 8 月 2 日想到的一种破解迷宫的算法。有兴趣的同学可自行在网上查阅。

本课题要求:在迷宫壁与迷障墙相连的情况下,给出迷宫摸墙算法的数学证明,并形成专题研究报告。

$x^{2m} + y^{2m} = n$(m,n 为正整数)存在整数解的充要条件及其解法研究

本课题的要求是:找到正整数 m、n,使得下式成立。

$$x^{2m} + y^{2m} = n$$

在 $m = 1$ 的情况下,即为:

$$x^2 + y^2 = n$$

勾股数是上式能够成立的一个解。请注意,勾股定理要求的是:

$$x^2 + y^2 = n^2$$

而本课题则没有这一限制,n 可以是任意正整数。并非只有勾股数才能满足这一条件。

与 $x^{2m+1} + y^{2m+1} = n$ 往往有着无穷多个解不同,任一 $x^{2m} + y^{2m} = n$ 的整数解是有限的。找到其有整数解的规律,就找到了这类方程的一般解法。

通过该项研究,学生的联想、类比、估值与特殊值假定以及解的验证的能力能得到充分的发展,并能进一步理解与掌握分类讨论技能。

本课题要求:找到正整数 m、n 使 $x^{2m} + y^{2m} = n$ 成立,同时能证明这一条件既是必要的,又是充分的,并能给出其解法。

建议研究该课题的同学结合初中已学习的数学知识,尤其是关于"反证法"的原理。网上有大量关于"反证法"的在线视频,复习与巩固对"反证法"的理解,同时充分发挥个体的联想与类比能力,掌握方程解存在的可能区间,尝试找到解决问题的突破口,运用特殊值进行验证。

这里特别需要强调的是:对于高次不定方程,当 $n > 2$ 时,$x^n + y^n = z^n$ 没有不等于零的整数解,这就是著名的费马大定理。

大约在 1637 年,法国学者皮埃尔·德·费马在阅读丢番图(Diophatus,约 246—330)所著《算术》的拉丁文译本时,曾在第 11 卷第 8 命题旁写道:"将一个立方数分成两个立方数之和,或一个四次幂分成两个四次幂之和,或者一般地将一个高于二次的幂分成两个同次幂之和,这是不可能的。关于此,我确信已发现了一种美妙的证法,可惜这里空白的地方太小,写不下。"

德国人沃尔夫斯凯尔曾宣布以 10 万马克作为奖金奖给在他逝世后一百年内,第一个证明该定理的人,吸引了不少人尝试并递交他们的"证明"。

费马大定理被提出后,经历多人猜想辩证,历经三百多年,最终在 1995 年,英国数学家安德鲁·怀尔斯(Andrew Wiles,1953—   )宣布自己证明了费马大定理。

不过令人非常遗憾的是:被人称为"费尔玛(又译作'费马')"苦恋者的张福林——一个只有 6 年级学历的普通农村小学教师,30 年来历经坎坷,痴心不改,苦苦求证着费尔玛大定理。1991 年 9 月,张福林怀揣用 30 年心血写就的第一部手稿,与妻子一起到北京某科研部门鉴证。他的心情是那么激动,企盼之中平添一丝忐忑不安。

他首先自我介绍说："我是佳木斯的。我把费尔玛大定理解开了，请你们给鉴证一下。"

对方问："你是什么学历？"

他答："小学六年级。"

对方问："你有没有精神病？"

他答："没检查过。"

对方问："你怎么不去检查一下呢？"

他答："要检查我就上医院了，不用上你们这来。"

对方说："这题你能解开吗？人家洋人300多年都没解开，法国专门成立费尔玛大定理研究室也没解开！"

一位好心人把张福林夫妇送到门口，说："唉，干啥也不容易啊！你今年才49岁，头发都白了。你回去先让省里给鉴定一下。错了，精神可嘉；对了，纸包不住火的。"

张福林心里充满了苦涩，他拖着沉重的脚步，一边走一边寻思。他自己对这第一稿也不满意，嫌它有些冗长繁琐。他又熬了3年心血，拿出了第三稿。事隔不到一个月，1995年9月19日的《中国青年报》发表了《攻克费尔玛大定理》的文章，报道这个难题已被英国数学家怀尔斯于6月23日"给出了答案"。一个费尔玛定理的证明者就这样倒在了鉴定的路途上。[①]

$ax+by=d$ 不定方程多解法研究

若 a、b 是整数，且 a、b 的最大公约数为 d，那么对于任意的整数 x、y，$ax+by$ 都一定是 d 的倍数。特别地，一定存在整数 x、y，使 $ax+by=d$ 成立。

上述定理被称为裴蜀定理（也译作"贝祖定理"，Bézout's Identity），该定理得名于法国数学家艾蒂安·裴蜀。历史上首先证明关于整数的裴蜀定理的人并不是裴蜀，而是 17 世纪初的法国数学家克劳德-加斯帕·巴歇·德·梅齐里亚克（Claude-Gaspard Bachet de Méziriac, 1581—1638）。他于 1624 年发表的著作《有关整数的令人快乐与惬意的问题集》（*Problèmes plaisans et dé lectables qui se font par les nombres*）第二版中给出了问题的描述和证明。此后，法国数学家艾蒂安·裴蜀推广了梅齐里亚克的结

----

① 魏广悦. 佳木斯记忆(12)张福林："费尔玛"的苦恋者[N]. 三江晚报，1995-1-15.

论,特别是探讨了多项式中的裴蜀等式,并给出了相应的定理和证明,"裴蜀定理"由此得名。

　　未知数个数多于方程个数,其解必然有无穷多个。每组解 x、y 都称为裴蜀数。因为这一原因,人们在得到方程 $ax+by=d$ 的一个解(学界常称为"特解")时,一般都需要同时给出其通解。

　　其通解为:

$$\begin{cases} x = x_0 + bt \\ y = y_0 - at \end{cases}$$

　　其中 x_0、y_0 为该方程的特解,a、b 为原方程的系数,t 为整数。

　　另一方法是对方程的解加以一定的限制,比如要求解为正整数等。裴蜀方程存在正整数解的充分必要条件为:

$$d > ab - a - b$$

　　裴蜀方程的特解通常由辗转相除法的逆运算得到。一般而言,该方法较为费时。本课题的要求为:找到多种求解裴蜀方程特解的途径,筛选出更加便捷的新方法。

　　可以肯定,每发现一种新方法,我们对数学的理解就会加深一点。

　　本课题的研究需要同学以初中数学中的相关知识为基础,对这部分知识有深刻理解,融会贯通地运用初中的知识对课题研究会有很大帮助。

参考文献
1. [美]R·柯郎,H·罗宾. 什么是数学(第四版)[M]. 左平,张饴慈,译. 上海:复旦大学出版社,2019.
2. 冯志刚. 整除、同余与不定方程[M]. 上海:华东师范大学出版社,2012.

一个没有"浪费"过时间的人终将一事无成。

——卡洛·罗韦利

(Carlo Rovelli, 1956—　)

第五章
自然科学探究活动的组织与指导

自然科学(Natural Science)是一门以观察和实验的经验证据为基础,对自然现象进行描述、理解和预测的科学分支。自然科学探究是指对自然现象背后的本质与规律的探索,是发现新知的活动。在中学,物理、化学、生物、自然、地理等学科就属于自然科学的范畴。天文观察更是学生从小就喜欢的活动,当然也属于它的范围。自然科学研究可以是为了说明与解释自然现象,满足人类自身的好奇心而进行的系统的创造性工作,也可以是为了利用这些知识去发明新技术的工作。

中学生开展自然科学探究有着得天独厚的优势:他们年轻、充满好奇,具有特别的想象力。把在学校课堂中的学习与课题探究结合起来,既能提升与强化课堂学习的质量,又对学生探究精神与能力的培养有着积极的意义。为此,本章对自然科学探究性活动的组织与指导展开讨论。

1 自然科学主要学科的性质与特点

自然科学就是研究自然现象的学科,其认识的对象是整个自然界,即自然界物质的各种类型、状态、属性及运动形式,其目的在于揭示自然界发生的现象以及自然现象发生过程的本质,进而把握这些现象和过程的规律,以便解读它们,并预见新的现象和过程,为在社会实践中合理而有目的地利用自然界的规律开辟各种可能的途径。在中学,它包括物理学、化学与生物学等多门学科。

1.1　关于物理学及其研究方法

物理学是研究物质运动一般规律和物质基本结构的学科,大至宇宙,小至基本粒子等一切物质的基本运动形式和规律都是它研究的对象。

物理学是一门以实验为基础的自然科学。它的一个永恒主题是寻找各种序、对称性和对称破缺、守恒定律与不变性。现代物理学充分地运用数学作为自己的工作语言,以实验作为检验理论正确性的标准,因此它是目前自然科学中最精密的一门学科。一切自然现象都不会与物理学的定律相违背,或者准确地说,如果一个物理定律与自然现象不符,那么这一定律的科学性就会受到人们的质疑与重新审视。正因为物理学的这种严密性,所以它才有了成为其他自然科学以及一切现代科技的基础的地位。

在物理学的研究方法中,观察、实验、转换等都起着重要作用。

观察。在物理学的研究中,观察是人们有目的、有计划地对自然条件下所显现的有关事物进行考察的一种方法,是人们收集获取感性材料的常用方法之一。观察是物理学提出科学假设的基础,也是检验物理理论正确性的基本依据。

古时,人们是用肉眼进行观察的。受到人体感觉器官感知能力的限制,肉眼无法观察微观的粒子世界,也看不清宏观的宇宙变化。因而,这一方法受到很大限制。随着科学技术的发展,各国都在建造各种造价昂贵的设备,用以观察肉眼无法看到的自然现象。据报道,最近欧洲核子研究中心批准了一份新文件,该文件计划在瑞士日内瓦地下隧道中建造一台长达 100 公里的圆形超级对撞机,以推动高能物理学的前沿研究。计划中的这台新对撞机叫做"未来环形对撞机"(Future Circular Collider, FCC),预计耗资至少 210 亿欧元(约合人民币 1 642.64 亿元)。

在科学家们长达十多年的努力下,中国天眼在贵州省平塘县克度镇建成,耗资 11.5 亿元,成为我国自主研发的、世界上单口径最大的射电望远镜。自 2016 年开始运行以来,天眼已经锁定了距离地球 30 亿光年外的信号,并发现了宇宙中的脉冲星。其测量精度可达 150 纳秒,是目前世界上非常精准的设备之一,不过其运营维护成本也非常高,每天需要耗费 40 万元。

实验。实验是用来检验一种理论,或证实一种假设而进行的一系列操作或活动。当然,物理学家提出的假设未必都能通过实验的检验,如果被实验证明假设是错的,那这一实验就是证伪了这一假设。总之,实验就是用来证明或证伪某种理论和假设的。

实验又分思想实验与实际实验两种。思想实验是指使用想象力去进行的实验,是一种在人的头脑中进行的理性思维活动,这种思维活动按照实验的方式展开,所以也称为"实验"。在物理学发展史上,成功地将思想实验与实际实验结合起来取得结果的例子很多,其中最著名的就是伽利略的思想实验与斜塔实验,他做这两个实验时才 25 岁。

如果我们从高处把体积相同的一块铁与一团棉花同时扔下,这时人们将看到铁块迅速地到达地面,而棉花则要比其慢得多。无疑,这时我们可以说:我亲眼见证了物体下落的速度依其质量不同而不同。这就是古希腊伟大的哲学家亚里士多德得到的结论。亚里士多德曾提出物体的下落速度和物体的重量成正比。这一观点在他之后的近两千年里都被视为"真理"。

科学革命的先驱,意大利天文学家、力学家、哲学家、物理学家、数学家伽利略,在 1598 年夏天的一次做礼拜时无意中发现,教堂顶上的吊灯不论其质量大小,用力摆动后它们总是以同一个速度运动着。这一发现令年轻的伽利略感到震惊,因为这一结果与持续了近两千年的亚里士多德的推论截然相反。由此,他思考了这样一个问题:根据亚里士多德的论断,一块大石头的下落速度要比小石头的下落速度大。假定大石头的下落速度为 8,小石头的下落速度为 4,当把两块石头捆在一起时,大石头的速度会因为被小石头拖着而减慢,结果整个系统的下落速度应该小于 8;然而,两块石头捆在一起,总的重量比大石头还要重,因此整个系统下落的速度要比 8 还大。这样,从"物体的下落速度和物体的重量成正比"的前提推断出了互相矛盾的结论,这使亚里士多德的理论陷入了困境。这一仅存在于他思维中的实验被后人称为"理想实验"的典范。

为了进一步验证自己的这一发现,他选了两块大小明显不同的铁球,在比萨斜塔上当众实验,在众人的注视中,伽利略扔下了这两个重量明显不同的铁球。这就是在物理学历史上著名的"自由落体运动"实验,其结论为:在空气阻力忽略不计的情况下,物体自由落体的速度与物体的重量没有关系。

这个实验还被人们搬到了月球上。1971年,美国宇航员大卫·斯科特(David Scott)乘坐"阿波罗15号"飞船来到月球,向全世界的电视机前的观众们展示了一根羽毛与一把锤子在月球上确实是同时落下的。斯科特说:"这证明伽利略先生是正确的。"

转换。物理学中有的物理现象不便于直接观察和直接测量,人们就把它转换成易于直接观察与直接测量的现象,从而通过易于直接观察与直接测量的现象的变化来推断不便于直接观察和直接测量的现象的变化。"转换"用得最多的例子就是体温测量。人类体温测量的历史可以追溯到16世纪。20世纪初,水银体温测量计走进了人们的日常生活,至今在临床上得到了广泛的应用。温度是分子的热运动,肉眼无法看清,于是科学家就根据热胀冷缩的原理来制作体温。当人的体温升高时,水银的体积会膨胀,水银柱也会随之升高,体温下降时,水银柱也随之降低。水银柱的高度对应着人体的特定温度,这将看不见的温度转化为了看得见的水银柱的高度。这就是物理学上的转换法的成功运用。

此外,在研究物理世界规律的过程中,物理学家还创造出了一系列卓有成效的研究方法,比如:通过研究事物或现象的个别情况,进而概括出一般结论的归纳法;比较物理现象和过程,确定它们的差异点和共同点的比较法;在研究多个物理量之间的关系时,每次只改变一个物理量,保持其他物理量不变,以探究这一物理量与研究对象之间的关系的控制变量法;把相同或相似的东西放在一起进行比较,以达到"举一反三"效果的类比法;等等。

德国科学家、诺贝尔物理学奖得主玻恩(Max Born)在谈到他的研究成果时说:"与其说是因为我发表的工作里包含了一个自然现象的发现,倒不如说是因为那里包含了一个关于自然现象的科学思想方法基础。"物理学之所以被人们公认为是一门重要的科学,不仅仅在于它对客观世界的规律作出了深刻的揭示,还因为它在发展、成长的过程中,形成了一整套独特而卓有成效的思想方法体系。正因为如此,物理学当之无愧地成了人类智慧的结晶,文明的瑰宝。

由物理研究而发展起来的思想与方法不仅对物理学本身有价值,而且对整个自然科学,乃至社会科学的发展都有着重要的贡献。有人统计过,自 20 世纪中叶以来,在诺贝尔化学奖、生物及医学奖,甚至经济学奖的获奖者中,有一半以上的人具有物理学的背景。这意味着他们从物理学中汲取了智慧,转而在非物理学领域里获得了成功。

特别需要强调的是,在现代,物理学的研究越来越依赖学者对美学的理解。在湖南科学技术出版社出版的《七堂极简物理课》一书中,卡洛·罗韦利(Carlo Rovelli)说过:"无论是欣赏艺术,还是领悟科学,我们最终得到的将是美的享受和看待世界的全新视角。"科学与艺术在物理学中得到了很好的统一。

1.2 关于化学及其研究方法

化学是在原子、分子水平上研究物质的组成、结构、性质、转化及其应用的基础自然科学。它源自生活和生产实践,并随着人类社会的进步而不断发展。

就化学的发展来说,化学工艺历史可谓源远流长。据载,至少在公元前 2500 年以前,埃及已经掌握了玻璃的制造方法。从出土的木乃伊看,在公元前一两千年时埃及已经精于使用防腐剂和布帛染色等技术。我国在 20 世纪二三十年代发现的三星堆遗址,距今已有 3 000 至 5 000 年的历史。其中有高 2.62 米的青铜大立人、有宽 1.38 米的青铜面具,更有高达 3.95 米的青铜神树等,这表明人类在那一时代已经掌握了冶炼技术。然而,在化学发展史上留下浓重笔墨的是炼丹家和炼金术士们,他们开创了最早的化学实验。在人类生存与发展的过程中,他们坚信,物质在一定条件下是可以转化的。为求得长生不老,于是就出现了一批炼丹家;为求得富贵,于是就产生了"点石成金"的尝试。在这跨越千年的历史长河中,炼丹家和炼金术士们在炼制长生不老药,探索点石成金方法的过程中,积累了丰富的化学实验的实践经验。①

在我国秦汉时期,金属冶炼技术得到了很大的发展,医药学又提供了使用矿物类药物以疗病的经验,这些为炼丹术的发展提供了基础。现存的《三十六水法》为古代道家炼丹专著,又名《三十六水经》《炼三十六水石法》,相传为汉代古籍(一说西汉淮南王刘安撰),是中国炼丹术仅有的两本水法专论之一。该书载有将药石化为水的三十六

---

① 参见"化学史"百度百科:https://baike.baidu.com/item/%E5%8C%96%E5%AD%A6%E5%8F%B2/8225134。

种方法,据称是秘不示人的仙术,得此法者可作神丹而登仙。另有成书于西汉末、东汉初的《黄帝九鼎神丹经》一卷和《太清金液神丹经》三卷。它们强调唯有服食金丹才能"与天相毕"。①

近代化学则是以燃素说的提出为标志。罗伯特·波义耳(Robert Boyle, 1627—1691)于1661年出版《怀疑派化学家》(*The Skeptical Chemist*),该书对化学发展有着重要影响。为此,后人把该年当作近代化学的元年。波义耳认为,可燃物能够燃烧是因为它含有燃素,燃烧过程是可燃物中燃素放出的过程。尽管这个理论之后被证明是错误的,但它在化学发展史上占据着重要地位。一方面它把化学从炼丹和炼金术中解放了出来;另一方面,它又把大量的化学事实统一在了一个概念之下,尤其是化学反应中物质守恒的观念,奠定了近代化学理论的基础。

让化学真正走向科学,则要归功于安托万-洛朗·拉瓦锡(Antoine-Laurent de Lavoisier, 1743—1794)和约翰·道尔顿(John Dalton, 1766—1844)。1775年前后,拉瓦锡用定量化学实验阐述了燃烧的氧化学说,开创了定量化学时期。他规范了化学命名法,撰写了第一部真正意义上的现代化学教科书《化学基本论述》(*Traité élémentaire de Chimie*)。他倡导并改进定量分析方法,还用其验证了质量守恒定律,他称之为"物质不灭定律"。道尔顿在继承古希腊朴素原子论和牛顿微粒说的基础上,于1803年提出了原子理论。这一理论认为,"化学元素由不可分的微粒——原子构成,原子在一切化学变化中是不可再分的最小单位","同种元素原子的性质和质量都相同,不同元素原子的性质和质量各不相同,原子质量是元素的基本特征之一","不同元素化合时,原子以简单整数比结合。推导并用实验证明倍比定律。如果一种元素的质量固定时,那么另一元素在各种化合物中的质量一定成简单整数比"。在他们之后,意大利科学家阿莫迪欧·阿伏加德罗(Amedeo Avogadro, 1776—1856)提出了分子学说。这一学说指明:不同元素代表不同原子,原子在空间里按一定方式或结构结合成分子,分子的结构决定其性能,分子进一步集聚成物体。这些理论在化学的发展进程中不断丰富、深化和扩展,由此,化学才真正被确立为一门科学。

自20世纪20年代始,化学的发展与物理学越来越紧密。这时的物理化学研究已深入到微观的原子和分子世界。尤其是1926年,量子力学研究的兴起,给化学发展带

① 参见"丹术"百度百科:https://baike. baidu. com/item/％E4％B8％B9％E6％9C％AF/2051808。

来了极大的机遇,由结构化学领头,物理化学、量子化学各门分支学科都取得了突破性的发展。

就研究方法而言,与物理学相同的是化学研究高度依赖实验,甚至有人直接把化学称为实验科学。当然,化学研究也有其独特之处,比如,在结构化学中,人们广泛地运用分子模型和晶体模型。

此外,化学还使用其独特的符号——化学式来表示分子和原子,并以化学方程式来配平物质之间的反应。

观察、直觉与想象力在化学研究中也发挥着重要作用,这些在本书中已有充分的讨论,这里就不再展开。

1.3 关于生物学及其研究方法

生物学是探索生命现象和生命活动规律的科学,是自然科学中的一门基础学科。其研究对象是生物(包括植物、动物和微生物)的结构、功能、发生和发展规律。其目的在于阐明和控制生命活动,改造自然,为农业、工业和医学等实践服务。它涵盖了从分子、细胞、组织、器官、生物个体到生态系统的各个层次。生物学的研究范围非常广泛,包括但不限于细胞生物学、神经生物学、植物生物学、动物生物学、微生物学、生态学、生物进化论、遗传学、生物化学等。

生物在地球历史中有着 40 亿年左右的发展进化历程。在这 40 亿年的发展进化过程中,至少有 1500 万种生物已经灭绝,至今在地球上现存的生物估计有 200 万到 450 万种。在这数百万种生物中,它们的形态结构多种多样,生活方式变化多端。人类在研究生物丰富多彩的多样性背后,也揭示了它们作为生命体的统一性与连续性,以及它们演变进化过程中的一些规律与特征。

古希腊的亚里士多德学派,最早对生物进行了分类和描述性的研究。亚里士多德观察并记录了大量动物的特征和习性,并将它们分为不同的类别。他根据动物的血液是否有红色、是否有脊椎骨等特征,将动物分为了两大类:有血液的动物和无血液的动物。在这两大类下,他又进一步将动物分为了不同的属和种。亚里士多德的分类方法为后来的动物学研究奠定了基础。

"生命力说"也是这一时期亚里士多德学派在生物学上的主要观点。他们认为生物具有生机,与无生物的区别在于生物具有生命力。此外,亚里士多德还提出了自然发生说,认为生物可以从无生物中自然产生,无需亲本的遗传。在适应环境的进化论方面,亚里士多德认为动物会随着环境的变化而变更其行为,并导致生理构造和性格的变化。

随着文艺复兴和科学革命的兴起,现代生物学开始萌芽。这一时期的代表人物包括威廉·哈维(William Harvey, 1578—1657)、列文虎克(Antonie Philips van Leeuwenhoek, 1632—1723)等。哈维提出了血液循环理论,认为血液通过动脉和静脉构成一个循环系统,从而解决了长期以来关于血液如何从心脏流向全身以及如何返回心脏的问题。血液循环理论的提出标志着现代生理学的开端。

列文虎克则通过自制的显微镜观察了多种动植物的细微结构,发现了许多当时人们未知的领域。他观察了昆虫的复眼结构、精子的鞭毛结构等,并最早描述了原生动物,成为原生动物学的奠基人。

施莱登((Matthias Schleiden, 1804—1881)和施旺(Theodor Schwann, 1810—1882)是细胞学说的代表人物,他们的主要观点包括:无论多么复杂的植物体都是由细胞构成的,细胞是植物体的基本单位。最简单的植物是由一个细胞构成的,多数复杂的植物是由细胞和细胞的变态构成的。

施莱登还认为,在复杂的植物体内,细胞的生命现象有两重性:一是独立性,即细胞具有独立维持自身生长和发育的特性;二是附属性,即细胞属于植物整体的一个组成部分,这是次要的特性。

施旺则认为,一切动植物都是由单细胞发育而来,即生物是由细胞和细胞的产物所构成。所有细胞在结构和组成上基本相似。新细胞是由已存在的细胞分裂而来。生物的疾病是其细胞机能失常造成的。

施莱登和施旺的细胞学说阐明了细胞的起源、结构、功能和意义,论证了整个生物界在结构上的统一性,以及在进化上的共同起源。这一学说的建立有力地推动了生物学的发展。

就在施莱登和施旺提出细胞学说的同一时期,查尔斯·达尔文(Charles Robert Darwin, 1809—1882)在1859年出版了著名的《物种起源》,提出了物种起源和自然选择理论,由此,生物学进入了一个全新的阶段。

1855年,菲尔肖(Rudolf Virchow, 1821—1902)发表了"一切细胞来自细胞"的名言,由此奠定了生命的连续性理论,并且创立了细胞病理学。菲尔肖认为,所有的细胞都来自原已存在的细胞。这个概念对于现存的所有生物来说是正确的。除了最早的生命是无生命物质在当时的地球环境条件下产生的以外,生物只能来自已经存在的生物。只能通过繁殖来实现从亲代到子代的延续。因此，遗传是生命的基本属性。

1866 年，孟德尔（G. J. Mendel, 1822—1884）通过豌豆杂交实验发现了遗传因子的分离规律和自由组合规律。20 世纪 20 年代，以摩尔根（T. H. Morgan, 1866—1945）为代表的一批科学家提出基因论，证明孟德尔假设的因子就是在染色体上线性排列的基因，他们补充了一个新的规律，即基因的连锁和交换规律，并证明这些规律在动物界和植物界是普遍适用的。20 世纪 40 年代，分子生物学的发展证明，一切生物基因的化学实体都是核酸（DNA 和 RNA），遗传信息都是以核苷酸的排列来编码的，DNA 以半保留复制产生新的拷贝。在分子水平上，生命的连续性首先表现在基因物质 DNA 的连续性上。

DNA 双螺旋结构是科学史上的重大发现。这一发现由詹姆斯·沃森（James Dewey Watson, 1928— ）和弗朗西斯·克里克（Francis Harry Compton Crick, 1916—2004）在 1953 年共同完成。它揭示了生命的木质和演化过程。

在发现 DNA 双螺旋结构之前，科学家们已经对 DNA 进行了多年的研究，包括对 DNA 的化学成分、碱基配对等特性的认识。然而，对于 DNA 在细胞中的功能和结构一直存在争议。

在研究 DNA 分子结构时，沃森和克里克采用了构建物理模型的方法。他们利用伦敦国王学院的科学家莫里斯·威尔金斯（Maurice Hugh Frederick Wilkins, 1916—2004）、雷蒙德·葛斯林（Raymond Gosling, 1926—2015）及富兰克林（Rosalind Elsie Franklin, 1920—1958）等人的 X 射线衍射实验结果，构建了一个 DNA 的物理模型。最终，他们发现 DNA 分子是由两条相互缠绕的螺旋链组成，碱基配对形成碱基对，两条链上的碱基对形成了一个双螺旋结构。这一结构的发现揭示了 DNA 分子复制的机制，即 DNA 的半保留复制，从而解释了遗传信息的传递和遗传的稳定性。

沃森和克里克的发现奠定了现代遗传学的基础，为分子生物学的发展开辟了道路。这一发现不仅对生物学和医学领域产生了深远的影响，而且对整个科学界也产生了巨大的影响。

20 世纪特别是 40 年代以来，生物学吸收了数学、物理学和化学等领域的研究成果，逐渐发展成一门精确、定量、深入到分子层次的科学。进入 21 世纪，随着人类基因组计划的完成和合成生物学的快速发展，生物学进入了一个全新的阶段。近年来该学科，尤其是在生物医学领域的科学研究取得了许多令人鼓舞的重大进展，其中包括：

基因编辑技术。CRISPR‑Cas9 等基因编辑技术的出现和发展，使得科学家能够更加精确地编辑生物体的基因,对于治疗遗传性疾病、改良农作物等方面具有重要的应用价值。CRISPR - Cas 系统是原核生物的一种天然免疫系统。某些细菌在遭到病毒入侵后,能够把病毒基因的一小段存储到自身 DNA 一个称为 CRISPR 的存储空间里。当再次遇到病毒入侵时,细菌能够根据存写的片段识别病毒,将病毒的 DNA 切断而使之失效。CRISPR - Cas 技术是继 ZFN、TALENs 等基因编辑技术推出后的第三代基因编辑技术。它能够实现高度灵活和特异性的靶向,可以进行修改和重定向,成为现有基因编辑和基因修饰里面效率最高、最简便、成本最低、最容易上手的技术之一,引起了极大的关注。

细胞免疫疗法。CAR - T 细胞疗法 (Chimeric Antigen Receptor T - Cell Immunotherapy) 等细胞免疫疗法的出现,使得科学家能够利用免疫系统的力量来攻击癌症等病症,为治疗癌症提供了新的途径。T 细胞也叫 T 淋巴细胞,是人体白细胞的一种,具有免疫功能。它能够抵御和消灭肿瘤、外来异物等。通过基因工程,技术人员将 T 细胞激活,并利用其"定位导航装置"CAR,专门识别体内的肿瘤细胞,释放大量的多种效应因子,高效地杀灭肿瘤细胞,从而达到治疗恶性肿瘤的目的。

人工合成生命。人工合成生命的进展对于理解生命的本质、探索新的生命形式等方面具有重要的意义,也为未来的生物技术应用提供了新的可能性。我国科学家在这一领域也作了重要贡献。1958 年,胰岛素化学结构的解析工作获得诺贝尔化学奖。《自然》杂志发表评论文章说,合成胰岛素将是遥远的事情。而就在同年,中国科学院上海生物化学研究所提出人工合成胰岛素项目,稍后该项目被列入 1959 年国家科研计划,代号"601",意为"60 年代第一大任务"。该项目由中国科学院上海生物化学研究所、中国科学院上海有机化学研究所和北京大学生物系三个单位联合攻关。经过中国科学家不懈的努力,1965 年 9 月 17 日,世界上第一个人工合成的蛋白质——牛胰岛素在中国诞生。这是世界上第一次人工合成与天然胰岛素分子有相同化学结构并具有完整生物活性的蛋白质,标志着人类在揭示生命本质的征途上实现了里程碑式的飞跃。后来,《科学》杂志登载了题为《红色中国的胰岛素全人工合成》的数篇评论长文。

脑科学领域。大脑神经元连接方式、大脑发育和衰老等方面的研究,有助于人们深入理解人类思维、行为和学习等方面的科学机理,为治疗精神疾病、提高人类生活质量等方面提供新的思路。尤其是现代人工智能的发展,包括 ChatGPT 的问世,都与脑科学取得的成就有着重要的联系。

基因组学和蛋白质组学研究。随着测序技术的进步和生物信息学的发展,基因组学和蛋白质组学研究取得了重大进展,这对于理解生物体生命活动中的基因和蛋白质调控机制、发现新的药物靶点等方面具有重要的意义。

微生物组学研究。对于人体内微生物群落的研究,有助于深入理解人体与微生物之间的相互作用关系,这对于改善人类健康、防治疾病等方面具有重要的指导意义。

系统生物学研究。系统生物学的发展使得科学家能够从全局和整体的角度来研究生物体的生命活动,对于发现新的药物靶点、优化药物设计和治疗等方面具有重要的应用价值。

生物学在现代科学中扮演着非常重要的角色,它不仅对于人类健康和生物资源的保护具有重要意义,而且也为材料科学、信息科学、医学、农学等领域提供了基础理论和实用技术。同时,生物学也是探索地球生命起源和演化的关键学科,对于人类认识自身和探索宇宙具有重要意义。

除此之外,近年来生物学在古生物学、生态学、环境科学等领域也有许多重大进展,这些进展对于深入理解生命和地球的演化历史、保护生态环境等方面都具有重要的意义。

生物学的研究方法包括实验、观察、模拟、数学建模等。事实上,在物理、化学与生物这些自然科学研究中,一门学科成熟的研究方法很快就会被迁移到其他学科的研究中,这些方法在自然科学的研究中具有相当的共同性。

2　自然科学探究活动的组织与指导

根据自然科学的性质,以及人们对自然科学探究过程的认知,一般而言,从自然科学的探究过程来看,这一过程大体需要经历以下几个阶段。在每一阶段教师都可以也应当提供相应的帮助。

第一,提出问题,选择课题。对中小学生来说,问题的提出大体上有三种情况。

其一,出于自己的兴趣与好奇心。这些问题往往是发生在学生学习与生活过程中的。春节在家,父母拿出一些腊肉,做出一道非常可口的菜肴。可能学生会很好奇:为什么腊肉保存的时间会比鲜肉要长一些? 在上海,每年春季,人们都喜欢煮上一锅叫做"腌笃鲜"的汤,非常鲜美。其食材就是鲜肉、咸肉与春笋。鲜肉是刚买的,咸肉是家里储存了一段时间的。腊肉与咸肉的保存时间更长,为什么? 这就成了学生可以探究的科学问题:腊肉与咸肉防腐生物学机制探究。为什么"可口可乐"、"肯德基"的土豆条与炸鸡腿会被人们称为"垃圾食品"? 回答这些问题则需要同学自己动手,设计实验,收集数据,对学生来说,这肯定比刷书本难题要更带劲。

其二,在书本中发现的问题。学生们在读书中也会发现很多问题。当然,这些问题因人而异。在这些问题中,有些是学生不理解的问题,有些则是科学至今未解决的问题。对于前一问题,如果普遍地存在于学生中间,教师可以将其归纳起来,组织学生开展研究,让学生在探究中深化对问题的理解。这可能比简单地告诉他们一个结论更有帮助。

其三,社会上发生的热点问题。比如,为什么人类肉眼都看不见的病毒会致人于死命,却能与某些动物和平共处? 对于这类问题,可以预期充满好奇心的高中学生都很想解开其谜底。

如此看来,科学探究好像并不是像人们想象的那样全是那么高大上的,有很多问题,中小学生也可以尝试着手去探究,去寻求问题的答案。哪怕有些问题,事实上前人已经作了回答,有了结果,在学生不知道的情况下,再做一遍,对学生而言也是很有价值的。

当然,在学生的眼中科学探究毕竟是一项十分神秘的事业。那么科学探究究竟是什么? 其实说到底,科学研究探究的就是宇宙万物的真相,以及真相与真相之间的关系。宇宙万物包括自然界,包括人自身以及人类社会。关于自然界、人自身以及社会发展,还有太多的问题人类非常无知,需要人们付出精力,认真研究。

作为学生科学探究的指导者,在学生选择课题的过程中,老师需要给他们提供多方面的帮助。这些帮助主要有以下三个方面:

其一,对学生选择课题的可研性的判断。简单地说,可研性就是看看学生选择的课题是否值得探究和适合探究。在本书第一章中,关于探究性活动的组织原则,我们已经作了必要的讨论,这里就不再重复论述。

其二,对学生查阅文献资料的指导。在学生确定了研究课题后,教师要提醒学生在网上或图书馆查阅相关文献资料。查阅文献资料是避免重复走别人已经走过的路,为研究工作找到恰当的起点。很多问题,前人已做过深入的研究,或者在其相关领域中做过大量研究,查阅文献资料,就可以站在他们的肩上,不做重复性的工作,为开展这一探究节省大量宝贵的时间。

与此同时,为学生提供与课题有关的背景知识。不少探究课题往往涉及多学科的知识,学生对相关知识并没有掌握或者没有充分的掌握,但是就高中生的认知能力来说,短期内掌握是没有难度或者难度很小的,在这方面教师及时的点拨就很有意义。

随着现代社会 AI 技术的发展,GPT-4 Turbo 展现出了它强大的能力,借助于这些工具,学生在自然科学探究过程中,文献资料的查阅与整理工作将变得非常轻松。教师在这一过程中,需要做的事情是指导学生如何在 AI 的指引下,迅速地完成文献查阅与整理工作。同时告诉同学,在这一过程中要遵循哪些学术伦理规范的要求。当然,在这之前教师先要掌握 AI 的使用技术,并充分地理解 AI 技术运用的优势与需要遵循的学术规范。在本书第二章,对此我们已经作了必要的讨论。

此外,需要强调的是,为学生提供必要的背景知识,不仅在这一阶段需要,在研究的整个过程中都有必要。

其三,对学生兴趣稳定性的辨别。"兴趣是最好的老师"。但是,学生的兴趣是多变的,在很多时候,他们会把自己一时的兴致当作自己的兴趣或者爱好,过一段时间,又会喜欢上其他的活动。

除了家长,老师是与学生接触时间最长的人,而且老师有教育的专业经验,由老师来对他们兴趣的稳定性作出判断,无疑是最恰当的事。当然,学生的兴趣也不可能一成不变,事实上,学生也正是在不断变动的过程中,才会形成自己相对较为稳定的兴趣。这需要教师在这两者中作出平衡。

第二,设计探究方案。设计探究方案是为整个探究活动制定一份施工图。其中最重要的是提出猜想或假设,整个设计方案就是围绕着猜想或假设,确定证实或证伪所需展开的工作;同时确定解决问题所必需的技术路线,即制定证实或证伪假设与猜想的途径;在此基础上,确定探究活动所需的仪器设备与相应的耗材;当然,如果是团队合作的项目,探究方案还需要做好团队成员具体分工的安排。

在这一过程中,教师需要帮助学生做好以下一些工作。

其一,鼓励学生大胆地提出猜想或假设。试错是科学探究最常用的方法,试错就是先提出一个猜想,用实验去证明它,不行就再换一个猜想,直到找到一个对的猜想。在自然科学研究的领域中,猜想也被叫做"假设"。

猜想需要人们的想象力。爱因斯坦说:"想象力比知识更重要,因为知识是有限的,而想象力概括着世界的一切,推动着进步,并且是知识进化的源泉。严格地说,想象力是科学研究中实在的因素。"①

当然，猜想或假设并不是随意的，它由问题本身的性质确定。猜想或假设越接近事物的本质，其被证明的可能性就越大。还是拿腊肉与鲜肉这一问题来说，人们很自然地会想到，水的多寡可能是影响它们保存时间的最重要因素，因此，人们可以把"水分是影响鲜肉保存期的主要因素"作为一个研究假设。

猜想或假设一般是通过长期观察或经验累积得到的。比如，疟疾是一种具有高度传染性的恶性疾病，引发疟疾的元凶被称为"疟原虫"。疟原虫非常脆弱，离开了动物和人，它们就无法存活。1820年，法国的一位药学家从金鸡纳树皮中分离并制造出一种对杀灭疟原虫非常有效的药物——奎宁。然而，到了20世纪60年代，人们突然发现奎宁对疟原虫引发的疟疾不再有用。事实上，人类在杀灭疟原虫的过程中，疟原虫也在不断变异，为了抵抗化学药品，疟原虫已形成自我保护功能，产生了适应药物的基因突变，从而形成抗药性。

这时北京中药所化学研究室屠呦呦的团队就承担起了研制有效药物，杀灭疟原虫的重任。当时的基本思路是采取民间验方，然后利用现代的有机溶剂分离药用部位并进行相应的药理筛选和临床验证，研究人员整理了多达808种可能的中药。据称，他们开始并未考虑使用青蒿，因为它的抑制率极不稳定，直至看到东晋葛洪的《肘后备急方》中将青蒿"绞汁"用药，从而得到启发，改用乙醚提取青蒿素，最终取得了成功。从808种可能的中药中最终确定1种，并不断改变提取的方法，这一过程就是不断试错的过程。著名的心理学家马斯洛在谈到他的研究时说过："要做的唯一有气魄的事似乎就是不要害怕错误，投身进去，尽力而为，以期在从大错到纠正它们的过程中，学到足够的东西。"②这句话对于我们今天有志于从事科学研究的中小学生来说，无疑很有启迪意义。

其二，指导学生设计探究路线。设计探究线路就是确定一项探究活动应当先做什么，后做什么，以及采用何种方式去做。在团队合作的情况下，由谁去做什么。凡事预则立，不预则废。如果没有预先精心设计的研究路线图，脚踏西瓜皮，滑到哪里算哪里，是办不好事情，更做不好科学探究的。

其三，助力学生选择恰当的研究方法。不同类型的研究需要用不同类型的方法。

---

① [美]爱因斯坦. 爱因斯坦论科学与教育[M]. 许良英，等译. 北京：商务印书馆，2016.
② [美]马斯洛. 自我实现的人[M]. 许金声，等译. 北京：生活·读书·新知三联书店，1987:2.

自然科学常用的是实验法,实验法在很多情况下需要对比,即设置对照组,必要时还要加上前测与后测,否则人们无法解释从实验中得到的数据。

精心设计研究的线路与研究方法对研究成果的取得有着关键作用。教师在这方面能给予学生的是帮助他们判断所设计的探究方法是否能证明或证伪该课题最初提出的假设。当然,教师的这种判断也只能是大体上的估计,即对探究活动获得结果的可能性的估计,这种估计很少有十分精确的。

其四,协助学校准备实验设施设备。实验设施设备是自然科学研究工作必不可少的。我国各地的中小学大多都设有物理、化学、生物实验室,配有专门的仪器。但相对而言,这些仪器还不足以支持现代科学探究活动的需要。为此,学生要根据学校的条件,根据探究性教学的需要,请求学校适当添置一些仪器与专用耗材,在这一过程中,教师要做好协助工作。

其五,团队分工。在团队合作项目中,团队成员间的明确分工对项目顺利地实施很有必要,它为项目最终的成功奠定了坚实的基础。

第三,研究过程中数据的收集、分析与解释。数据的收集、分析与解释是一项极具学术性与技术性的工作。它包含以下两个相互关联的环节。

其一,数据收集。数据收集是科学研究过程中十分重要的环节。数据收集需要做得十分细致,一些重要的成果往往是在不经意的细小差异中发现的。数据收集可以是连续的,现代的科学研究仪器大多都具备了自动记录功能,但在不具备这些功能的情况下,就要人工进行定时记录。它为后续的数据分析提供了基础。

其二,数据的分析与解释。被记录下来的数据本身不会说话,需要研究者进行分析与解释。数据的分析就是从数据中找到规律,证实或证伪最初的假设,并深化对猜想与假设的理解。

在这一阶段,学生要对任何结论都保持慎之又慎的态度。要排除在最初的猜想与假设中未被考虑到的深层原因。比如,在腊肉的研究中,学生证实了"水分是影响鲜肉保存期的主要因素",但事实果真如此吗?这是需要追问的问题。只有这些问题全部得到了确证,这一研究才可以说,基本得到了完成。

第四,探究成果的报告与展示。探究成果的报告具有重要意义,对于科研工作者来说,这是与科学共同体分享研究结果,以利后来研究工作者在这一基础上进一步深化研究的过程,也是接受同行检验的过程。对于学生来说,探究性学习成果的报告则是普及科学知识、肯定自己的劳动与智力创造,以及激励其他同学探究热情的过程。

在这一意义上可以说,探究成果的展示提高了学生的成就感,是学生自我激励的过程,是学校向社会表明教育成就的过程。

一般而言,探究成果的报告需要说明以下几个问题:

(1)课题的提出,即课题是在怎样的背景下,要解决什么问题;

(2)课题的基本猜想或假设;

(3)课题在实施的过程中采用了怎样的探究方法;

(4)探究得到的数据与解释;

(5)探究结论;

(6)进一步需要讨论的问题;

(7)探究成果应用的前景等。

探究成果通常用探究报告或探究论文的形式呈现。

无论是探究报告还是探究论文都需要注重规范性,规范性主要是指报告用语要采用本学科领域规范的术语与概念,推论需要说明本学科的基本原理。在现有概念不足以表达新发现时,探究者也可以创造新概念,提出新理论。在探究性学习成果报告中引用了他人的成果时需要注明,对给与探究活动提供帮助的人也要致谢。这些都是需要的。

当然,探究者在展示探究成果的时候需要平衡规范性与通俗性之间的关系。在专业人员那里,研究成果通常是以在专业期刊上发表的论文的形式呈现。对中小学生来说,在校内用展板展示探究成果一般是更常见的方式。展板的文字要简洁易懂、图文并茂,有条件的学校还可以借助现代多媒体技术。展板要做到同学愿意看,能看明白,别人看不懂就失去了展示的意义。

第五,课题探究的经验总结与反思。对中小学生来说,从事科学探究是一个学习的过程。在一个课题完成后,总结自己的所得与需要改进的方面是很有价值的,对以后提升科学探究能力会有很大的帮助。

学生们在开展探究的整个过程中,全程做好探究活动的记录以及自身在探究过程中的感悟也十分有意义,因为这是形成成果报告的基础,是在探究过程中心路历程的记录,是自己成长的证明。同学之间相互交流的信息也需要记录与保存,这些原始记录都是很有用的。

当然,这里只是概要地介绍了科学探究的主要步骤。可以肯定地说,科学探究并没有一套固定的程序或步骤,不同的科学问题可能需要不同类型的科学实验方法来回答。

3 自然科学探究活动评估的指标与量表

3.1 自然科学探究活动评估的指标

(1) 科学探究的意识

(2) 探究性活动中的团队合作

(3) 问题的提出与假设

(4) 研究方案的设计

(5) 研究与项目实施过程及其数据收集

(6) 数据的分析与结果解释

(7) 成果的创新性

(8) 成果的展示与表达

3.2 自然科学探究活动评估的量表

(1) 科学探究的意识

等级	等级描述	关键观察点
A	有强烈的好奇心与探究意识,能根据自己的智能优势,积极组织和参与各种科学问题的探究活动。	有强烈的好奇心;积极发起和参与探究性的学习活动。
B	有较强的探究意识,能利用自己的智能优势,积极参与各种探究性学习活动,并能较为积极地发起和参与在线讨论。	能利用自己的智能优势,积极参与各种探究性学习活动。
C	有一定的探究意识,能根据自己的智能优势,参与各种研究性学习活动,但似乎并不活跃。	能参与研究性学习活动,但并不活跃。

(2) 探究性活动中的团队合作

等级	等级描述	关键观察点
A1	在探究性学习活动中团队意识强，作为主持人能尊重其他团队成员，与他们配合默契，在团队中不同观点都有充分表达的机会，每一个个体的积极性得到充分发挥。	主持人能尊重其他团队成员；不同观点都有充分表达的机会。
A2	在探究性学习活动中团队意识强，作为团队成员能积极发挥自己的作用，且善于吸收团队中他人的观点，各尽其能，相互配合，团队中每一个个体的积极性得到充分发挥。	团队成员能积极发挥自己的作用；善于吸收团队中他人的观点，各尽其能，相互配合。
B1	研究团队分工较为明确，作为主持人发挥了较为明显的作用，团队成员能够相互配合，每个人的作用得到发挥，主要成员能各司其职。	主持人能积极发挥自己的作用；主要成员能各司其职。
B2	研究团队分工较为明确，作为团队成员识大体顾大局，能够相互配合，为本课题的顺利完成发挥了较为明显的作用。	团队分工较为明确；主要成员能相互配合。
C	团队成员有一定的合作意识，但相互间的配合存在一些问题，有进一步提升的空间。	团队成员相互间的配合存在一些问题。

注：本表共有三栏，专家应以第三栏的关键观察点为依据，确定等级并点击第一栏的等级标号。第二栏为预设的评语集，在专家点击相应等级后将在后续报告中自动呈现可供修改的评语，它只供专家参考。

表中 A1、A2 并没有评分等级上的差异，B1 与 B2 也是如此。该等级描述只表示在项目活动中分工不同，或观察的角度不同，并没有在能力方面的差异。下同。

（3）问题的提出与假设

等级	等级描述	关键观察点
A	能利用自己的智能优势；善于从生活与学习中发现有意义的问题，并能准确地表达问题及其自然与社会背景；根据问题的性质提出富有逻辑的假设。	善于发现有意义的问题；根据问题的性质提出合乎情理、富有逻辑的假设。
B1	善于从生活与学习中发现有意义的问题，并能准确地表达部分问题及其自然与社会背景；根据问题的性质提出假设。	善于发现有意义的问题，但提出的假设逻辑性存疑。

等级	等级描述	关键观察点
B2	能利用自己的智能优势；不太考虑问题的意义与价值，能准确地表达部分问题，并能根据问题的性质提出假设，但假设的合理性似有不足。	课题的社会意义不大；能准确地表达所要解决的部分问题；假设与课题关系紧密。
B3	能利用自己的智能优势；善于从生活与学习中发现有意义的问题，并能准确地表达部分问题及其自然与社会背景；提出的假设与问题性质之间的关系尚可商榷。	课题能兼顾个人兴趣与社会价值；能准确地表达所要解决的部分问题；但假设与课题关系存在情理或逻辑上的问题。
C	能部分地表达问题的自然与社会背景，提出的假设与问题的性质之间的关系尚可商榷。	课题与假设的提出都较为随意。

（4）研究方案的设计

等级	等级描述	关键观察点
A	研究方案充满想象力，不落俗套，新颖独特；能根据问题与研究课题的性质，设计合乎逻辑的技术线路；具有可操作性；能充分考虑实验的安全性。	研究方案充满想象力；技术线路合乎逻辑且具有可操作性。
B1	研究方案设计周延；能根据问题与项目的性质，充分考虑技术线路的逻辑性与方法途径的合理性；如能在想象力方面再有一些提升，本研究的成果就会有更大的创造性。	研究方案总体平稳；技术线路合乎逻辑且具有可操作性。
B2	研究方案充满想象力，不落俗套，新颖独特；在技术线路的设计方面似乎逻辑性还可提高，如能抓住一些关键要素，项目实施就能起到事半功倍的效果；研究方案具有可操作性；能充分考虑实验的安全性。	研究方案充满想象力；缺乏细节的考虑；方案具有可操作性。
B3	研究方案充满想象力，不落俗套，新颖独特；能根据问题与项目的性质，设计合乎逻辑的技术线路；研究方案如能在操作性上再下一些功夫，项目实施就能起到事半功倍的效果；能考虑实验的安全性。	研究方案充满想象力；操作性不强，给后续活动带来一定困难。
C	研究方案具有一定的想象力；技术线路基本合乎逻辑，具有一定的可操作性，但这两方面仍有可提高的余地；能考虑实验的安全性。	研究方案总体平稳，技术线路不够严谨，操作性也存在问题。

（5）研究与项目实施过程及其数据收集

等级	等级描述	关键观察点
A	在探究性学习过程中,考虑周全,实施精细;观察细致;记录完整,数据收集准确,为研究成果的解释奠定了坚实的基础。	过程记录完整,从记录中可以看出实施过程精细,观察细致。
B1	在实施过程中,考虑不够周全,在部分环节上出现了一些问题,但总体上,观察细致,记录完整,数据收集准确。	记录完整,从记录中可以看出数据收集准确,但部分环节粗枝大叶,观察得不够仔细。
B2	在实施过程中,考虑周全,实施精细;观察细致;但在部分环节上记得不够完整,部分数据存在准确性的问题。	记录不够完整,部分数据存在准确性的问题,但从总体而言,整个活动考虑周全,实施精细。
C	在实施过程中,考虑欠周全,实施的精细化程度有待提高;记录方式单一,遗漏一些必须记录的数据,给成果的解释带来一定影响。	记录不够完整,部分数据存在准确性的问题,整个活动考虑得欠周全,实施得不精细。

（6）数据的分析与结果解释

等级	等级描述	关键观察点
A	数据分析的方法与数据类型一致;结果解释具有数据基础,有相当的说服力;能恰当地使用专业术语。	数据分析方法得当,结果解释具有数据基础,专业术语使用恰当。
B1	除个别数据外,数据分析的方法与数据类型基本一致;结果解释具有数据基础,具有较强的说服力;能恰当地使用专业术语。	部分数据分析方法不当,但总体上结果解释具有数据基础,专业术语使用恰当。
B2	数据分析的方法与数据类型一致;部分结果的解释缺乏数据基础,在总体上研究结果具有一定的说服力;能恰当地使用专业术语。	数据分析方法得当,专业术语使用恰当,但部分结果的解释缺乏数据基础。
B3	数据分析的方法与数据类型一致;结果的解释具有数据基础,具有相当的说服力;但专业术语的使用过于随意。	数据分析方法得当,结果的解释具有数据基础,专业术语使用得过于随意。
C	部分结果的解释缺乏数据基础,专业术语的使用过于随意。	结果的解释缺乏数据基础,专业术语使用不当。

（7）成果的创新性

等级	等级描述	关键观察点
A	研究成果很有新意，在问题的提出与研究方法的采用等方面都有独到之处。在同学当中处在前15%的水平。	研究课题视野独特，研究方法与众不同，结论有新意，在同学中处在前15%的水平。
B1	研究成果具有一定的新意，提出了颇有价值的课题，并在项目实施过程中努力加以解决。在同学中处在平均水平之上。	研究成果具有一定的新意，总体上处在同学平均水平之上。
B2	研究成果具有一定的新意，在解决问题的途径与方法上有与众不同之处。在同龄学生当中处在平均水平之上。	该研究在技术线路、方法与途径上有新意，在同学中处在平均水平之上。
B3	研究成果具有一定的新意，研究最终得到了一些新观点。在同学当中处在平均水平之上。	该研究在一些方面取得了与众不同的结论，总体上在同学中处在平均水平之上。
C	研究成果与其他成果雷同，但在探究过程中学生自身得到了较大程度的提高。	研究成果与其他课题雷同，但学生在项目学习中有一定程度的提高。

（8）成果的展示与表达

等级	等级描述	关键观察点
A	能准确地表达问题提出的原因与背景、实施过程以及最终的成果，成果展示的形式恰当，表现方式多样；易于同年级及以上学生理解。	成果展示的形式恰当，表现方式多样；能为80%以上同年级及以上学生所理解。
B1	能基本准确地表达问题提出的原因与背景、实施过程以及最终的成果；成果展示的形式恰当，但表现方式单一，稍有欠缺；能够为大多数同年级及以上学生所理解。	成果展示的形式恰当，但表现方式单一、稍有欠缺，能为大多数同年级及以上学生所理解。
B2	能基本准确地表达问题提出的原因与背景、实施过程以及最终的成果；表现方式多样；但对成果展示形式缺乏考虑，大多数同年级及以上学生理解较起来为费力。	成果表现手段多样，但缺乏从受众角度的考虑，能为大多数同年级及以上学生所理解。

等级	等级描述	关键观察点
C	能基本表达出问题的原因与背景、实施过程以及最终的结果；表现方式单一，较难为同年级及以上学生所理解。	成果展示形式缺乏从受众角度的考虑，表现方式单一，大多数同年级及以上学生理解起来较为费力。

一米实验田

向学校申请拨出 4 平方米的一块校地。由学生把它分成四块,每组认领一平方米。四组学生可以根据当地的实际,在本组认领的一平方米地中种出观赏价值最高的花卉。

在对田地基本特性与当地气候条件大体了解的基础上,作出估计:其适合种植何种类型的花卉;了解花卉的生长周期与观赏价值;春夏秋冬不同季节当地的降雨量及其对花卉生长的影响;东西南北不同区位对花卉的生长有何影响?

请每组学生分工每天记录各种变化的因素,并在对花卉生长过程观察的基础上,对相关数据进行分析,从中把握住花卉生长的规律。

本课题的目标:养成学生的科学精神、观察与分析问题的能力,同时提升学生的劳动意识。

本课题需要分析花卉在自然条件下的生长周期,并在此基础上设计出符合当地气候条件,四季均能绽放的花卉。

本课题分全年(或全学年)两次对各组课题研究成果进行评估:第一个半年,对各组研究过程的科学性以及花卉选择的观赏性进行评估;第二个半年对四组合作设计园林花卉协调性与相互配合的整体效果的观赏性进行评估。

本课题最终以全校师生的赞誉度作为评估标准。

延伸研究。将 4 平方米的小花园用物理方法隔离成盐碱、沙化等不同土壤条件的一平方米地,探究其对生物生长有何影响。

请在连续观察与记录的基础上,对各种条件下,多因素对花卉的发育和生长的影响作出判断以形成研究报告,并在适当的时候以展板等方式共享研究成果。

参考文献

嘉啦历史. 园林植物生长发育的若干特性[EB/OL]. (2019 - 08 - 04)[2023 - 12 - 10]. https://baijiahao. baidu. com/s? id=1640920600664326954&wfr=spider&for=pc.

赵州桥设计中的力学问题研究

手工建筑类艺术品设计与制作,在我国不少小学与初中常常被当作 STEAM 项目学习活动的主题。图 5.1 即为一初中生设计与制作的建筑模型,该模型极富美感。

图 5.1　初中生设计的建筑模型

人们发现,设计者已经注意到了该建筑的受力问题。底层做了对称设计,中间层五个圆筒并非均衡分布,上层左右各有特点。请从力学角度分析这一设计的合理性与不合理性,并给出力学分析。

在有条件的学校,可结合赵州桥模型进行实测,对相关建筑进行受力分析,并对有关数据作出科学解释。

建于隋朝年间公元 595 年—605 年的赵州桥堪称桥梁建筑中的艺术珍品,它集艺术性与实用性于一体,很值得人们对其作深入的研究。本题要求在对赵州桥进行力学分析的基础上,对手工艺术品做出改进。

赵州桥又称安济桥,坐落在河北省赵县洨河上,横跨洨水南北两岸,因桥体全部用石料建成,俗称“大石桥”,由著名匠师李春设计建造,距今已有 1400 年的历史,是当今世界上现存最早、保存最完整的古代敞肩石拱桥。赵州桥凝聚了我国古代劳动人民的智慧,开创了中国桥梁建造的崭新局面。

赵州桥桥长 50.82 米,跨径 37.02 米,券(指门窗、桥梁等建筑成弧形的部分,读作 xuàn)高 7.23 米,两端宽 9.6 米。施工技术更是巧妙绝伦。唐朝的张嘉贞说它"制造奇特,人不知其所以为"。

这座桥的特点是:

(1) 全桥只有一个大拱,长达 37.02 米,在当时可算是世界上最长的石拱。桥洞不是普通的半圆形,而是像一张弓,因而大拱上面的道路没有陡坡,便于车马上下。

(2) 大拱的两肩上,各有两个小拱。这是创造性的设计,不但节约了石料,减轻了桥身的重量,而且在河水暴涨的时候,还可以增加桥洞的过水量,减轻洪水对桥身的冲击。同时,拱上加拱,桥身也更美观。

(3) 大拱由 28 道拱圈拼成,就像这么多同样形状的弓合龙在一起,做成了一个弧形的桥洞。每道拱圈都能独立支撑上面的重量,一道坏了,其他各道不致受到影响。

(4) 全桥结构匀称,和四周景色配合得十分和谐;桥上的石栏石板也雕刻得古朴美观。唐朝的张鷟说,远望这座桥就像"初月出云,长虹引涧"。赵州桥构思严密,工艺精巧,极具艺术价值,不仅在我国古桥中首屈一指,据世界桥梁的考证,像这样的敞肩拱桥,欧洲到 19 世纪中期才出现,比我国晚了一千二百多年。

梁思成:"河北赵县安济桥……可称为中国工程界一绝。"

李约瑟:"在西方圆弧拱桥都被看作是伟大的杰作,而中国的杰出工匠李春,约在 610 年修筑了可与之辉映,甚至技艺更加超群的拱桥。"

桥梁专家福格·迈耶(H. Fugl-Meyer):"罗马拱桥属于巨大的砖石结构建筑……独特的中国拱桥是一种薄石壳体……中国拱桥建筑,最省材料,是理想的工程作品,满足了技术和工程双方面的要求。"

请按 1∶100 的比例用 3D 打印的材料制作两桥,其一为仿赵州桥的结构,另一为无小拱的桥,以实验的方法获取数据,并对数据作出力学分析。

参考文献
参见"赵州桥"百度百科:https://baike.baidu.com/item/%E8%B5%B5%E5%B7%9E%E6%A1%A5/32450? fr=ge_ala。

腊肉与鲜肉保质期的比较研究

腊肉是中国腌肉的一种,是传统肉制品的杰出代表,拥有悠久的历史和文化背景,主要流行于四川、湖南和广东一带,在南方其他地区也有制作。通常是在农历的腊月进行加工,故而得名。

熏好的腊肉,表里一致,煮熟切成片,透明发亮,色泽鲜艳,黄里透红,吃起来味道醇香,肥而不腻,瘦不塞牙,不仅风味独特,而且具有开胃、去寒、消食等功能。湖北腊肉保持了色、香、味、形俱佳的特点,素有"一家煮肉百家香"的赞语。

腊肉从鲜肉加工、制作到存放,肉质不变,长期保持香味,还有久放不坏的特点。

图5.2　腊肉实物图

此肉因系柏枝熏制,故夏季蚊蝇不爬,经三伏而不变质,成为别具一格的地方风味食品。

本研究的基本假设为:盐能杀菌,或盐可以有效地降低水分活度。

我们知道,新鲜肉常温保存的时间很短,隔天就会坏掉。那么,为什么鲜肉被加工成腊肉,就能存放半年甚至一年不会坏掉呢?有人说,盐能杀死鲜肉里的细菌。也有人说,这与水的含量有关,鲜肉含水多,腊肉含水少。食品的稳定性和安全性与食品中水的含量并不直接相关,而是与水的"状态",或者说与食品中水的"可利用性"有关。因为已有的证据表明,不同类的食品即便水分含量相同,其腐败变质的难易程度也存在明显的差异。而且,食品中的水与其非水组分结合的强度是不同的,处于不同的状态,强烈结合的那一部分水是不能有效地被微生物和生物化学利用的。因此,引进了水分活度(Water Activity, AW)的概念,又称水活性、水活度。水分活度指的是食品中水的蒸汽压与相同温度下纯水的饱和蒸汽压的比值。

水分活度应用于食品领域,可以有效地估价食品的安全性和稳定性。鲜肉在腊腌过程中,其内含的部分水分变成了结合水,水分活度降低,可供微生物利用的水减少,大部分微生物不再繁殖生长。因为微生物的存活受水分活度的影响十分明显,通常不能生长的微生物会逐渐死去,所以水分活度是肉类产品的重要性能指标。

通过本课题研究,学生能够深入了解食品加工存放和延长保质期的基本原理与科学方法,感悟中国传统饮食文化的历史底蕴与博大精深。

本课题的基本要求为:

1. 选择适量的鲜肉和腊肉作为样品,或自己动手腌制腊肉,使用高倍电子显微镜,观察肉质的变化,使用水活度分析仪测定样品的水分活度;

2. 有条件的学生也可以用盐腌制蒜头、糖渍蒜头与新鲜蒜头进行对比实验;

3. 通过实验数据的比较,得出腊肉保质期远高于鲜肉的生物学机理。

完成以上任务后,撰写一份专题报告。

完成本课题要做到四个善于:善于采用多种途径收集资料,能对各种资料进行筛选、整理、分析;善于手脑结合,将理论学习与科学实验相结合;善于对实验数据进行细致的分析,从中得出科学结论;善于将自己的科学研究成果用多种形式进行宣传,进行科学普及。

本课题所需实验器材为:

1. 高倍电子显微镜;

2. 水活度分析仪。

参考文献

1. 莱斯特,朱雪卿.水分活性与食品保藏[J].肉类研究,1996(03):48+44.

2. 冯彩平.延长腌腊肉制品保质期的研究现状与进展[J].吕梁高等专科学校学报,2006(02):14—16.

3. 王卫,张佳敏.中国传统特色腌腊肉制品加工技术[M].北京:化学工业出版社,2019.

4. [法]阿格莱·布兰,卡罗琳·盖齐耶,弗朗索瓦兹·齐默.美味储存全书[M].高巍,译.北京:北京科学技术出版社,2017.

果蔬与树木生命周期的比较研究

水果与蔬菜的生命周期较为短暂,最短的仅为几天。相比之下,一般树木的生命周期较长,百年甚至千年以上的树木也不鲜见。如:我国河南省郑州市登封市嵩阳书院的将军柏,是中国最古老的柏树,树龄在 4 500 年以上。

究竟是什么因素决定了它们的生命周期有如此大的差异？根据学校所在地区的实际,选择适当的树木与果蔬,在细胞乃至基因的水平上研究其差异,揭示其生命周期的密码,这无疑是一件非常令人激动的事。

图 5.3　HiSeq 2000,HiSeq 2500,Illumina 二代测序仪

本研究所需实验器材为:

1. 水分活度测量仪;

2. 400 倍以上显微镜;

3. 二代测序仪。

苏州市工业园区设有"冷泉港亚洲 DNA 学习中心",该中心为中小学生提供相关实验服务,并接受相关领域的教师培训。

延伸研究。请结合"一米实验田"研究,探索绿化与美化本校校园生态环境的方案。

参考文献

彭庆涛.基因工程在林木抗寒中的应用研究进展[J].吉林林业科技,2017,46(01):35—37.

科学史学习对科学素质提升的价值研究

科学史(History of Science)研究的对象是科学、技术的发展,及其与社会的互动关系。科学史是描述和解释自然科学知识产生、发展和系统化进程的历史学科。由于在历史上,科学研究的成果或快或慢地被运用于改进人类的生活,技术的发明也极大地推动了科学研究,所以科学史往往把科学发现与技术发明的历史放在一起。它是以历史资料为依据,研究历史上各个时期的科学发现和技术发明、科学家的活动与成就、科学概念和科学思想,以及科学学说的历史演化、科学知识的传播、科学与其他社会因素的相互作用、科学发展的社会历史背景,并在此基础上总结科学发展的历史经验,揭示科学发展的规律的学科。

对于中学生来说,学习科学史有着特殊的意义:它可以极大地提升学生对科学研究的兴趣,激发学生探索未知世界的热情,增强学生的科学素养,其中包括学会像科学家一样思维,在宏观上把握科学研究发展的趋势,在微观上学会发现问题与解决不同问题的不同方法,加深对科学问题,及问题与问题、学科与学科之间关系的理解,盘活学生从书本上学到的各种知识,更能加深学生对自然科学与社会科学之间关系的理解。

当然,全面地掌握科学研究发展的历程,深刻地领会科学家的思维方法是一项具有相当挑战性的工作,它需要学生在多个学科领域的知识储备。如果学生暂时还达不到这一要求,或者对数学、物理、化学与生物等领域有特别的兴趣,我们建议学生在数学史、物理史等领域选择一个课题进行研究。

建议学生在进行本课题研究时,聚焦在科学与技术发展对科学思维方式的影响上。由三五位学生一起,在研究过程中经常在网上交流与分享科学史学习对自己思维方式的影响,形成文字作为过程性的记录,最后独立地或与他人合作写成研究报告,在学校或更大范围内展示。

需要提醒的是:在科学史学习的过程中,学生们难免会碰到很多没有学习过的知识,不过这并不重要,重要的是发现在科学发展过程中科学家是怎样思考的,他们的思维方法对后人产生了怎样的影响。在这一过程中联系自己所学过的各门学科的知识,理解其相互关系,有可能极大地深化对这些学科的认识。

你身边一切被你称之为生活的事物,都
是一些不如你聪慧的人创造的。而你,可以
改变这一切。你可以做出自己的影响。你
可以凭自己的双手创造出给予别人福祉的
事物。

——史蒂夫·乔布斯
(Steve Jobs, 1955—2011)

第六章
技术发明探究活动的组织与指导

技术发明是科学研究的延伸，是利用科学研究的成果，使其变成产品或改变人类生活方式的活动。在本质上，技术发明是为了提升劳动效率，提升人类生活品质。当然，随着现代仿生学的发展，人们已经可以在不完全了解科学原理的情况下，根据生物的特点，做出高新技术的发明与创造了。

科学研究是求"真"的，追问的是"是或不是""真的或假的"的问题，技术发明是一项以提高人们的工作效率，改善人类的生活品质为目的的创新型活动。技术发明解决的是"用"的问题，是把科学研究的成果运用到生活中，运用到社会的方方面面，创造器具，让器具使人的生活更方便、更舒适。当然，在古代没有现代意义上的科学研究，当时的人们依靠生活经验，根据生活需要创造出了很多器具，也发明了很多管理生活的规则。无论是钻木取火，还是远古时期各种劳动工具的生成，都是当时人们根据生活与劳动的需要创造与发明出来的。

技术发明与改进，从广义上来说也包括体系的创新、制度与机制的创新。在教育史上，班级授课制的出现就极大地提升了教育教学的效率，但是，与此同时也带来了新的问题。班级授课制给因材施教带来了很大的困难。为此，教育工作者又先后推出了选课制、学分制与走班制。这些创新性的举措都在教育史上留下了灿烂的一页。这也属于技术创新这一大类别。

本章将对利用科学原理进行技术发明的问题进行讨论，在讨论中，我们将回答：什么是技术的发明与改进？为什么要发明新技术？如何开展技术发明与改进？在这一基础上，对中小学生开展技术方面活动的评估也作适当的讨论。

1 技术发明的概念、意义与价值

1.1 技术发明的概念

技术发明(Technological Invention)是在科学原理被发现的基础上,运用这些原理创造出新产品或新技术,以提高人们的工作效率,改善人类的生活品质的一项创新型的社会活动。

在历史上一些重大的技术突破总是和科学发现有着密不可分的关系。托马斯·阿尔瓦·爱迪生(Thomas Alva Edison, 1847—1931)在1883年为了寻找电灯泡的最佳灯丝材料,曾做过一项小小的实验,在这一实验中,他无意中发现,当一个物体被加热到足够高的温度时,它会产生电子发射。不过,爱迪生并没有找到它的实际应用场景,只是把它记录在案,申报了一个没有任何实际收益的专利,并称之为"爱迪生效应"。

爱迪生效应是电子学领域的一个重要发现,它为电子管的发明提供了理论基础。而电子管的发展和应用则进一步推动了电子学的发展,开辟了电子学的新领域。为此,人们把爱迪生称为"照亮人类黑夜的普罗米修斯"。

爱迪生效应的发现很快就惊动了英国物理学家、电机工程师约翰·安布罗斯·弗莱明(John Ambrose Fleming, 1849—1945)。弗莱明认定,一定可以为"爱迪生效应"找到实际用途。经过反复实验,他终于发现,如果在真空灯泡里装上碳丝和铜板,分别充当阴极和阳极,灯泡里的电子就能实现单向流动。经过多次实验,1904年,弗莱明研制出一种能够充当交流电整流和无线电检波的特殊灯泡——"热离子管"(Thermionic Valve),这就是后来人们所说的真空二极管,或者叫做"电子管"。电子管的出现标志着人类从此进入了电子时代。

在现代社会,一些颠覆性的黑科技也同样是与重大的科学原理的发现联系在一起的。据中国科学报2023年10月26日报道,美国量子计算机制造商原子计算公司研制出了全球首台能运行超1180个量子比特的量子计算机,打破了此前由IBM公司的

"鱼鹰"创造的 433 个量子比特的纪录,这可能极大地提高量子计算机的精度。IBM 和谷歌等公司是使用被冷却到极低温度的超导导线来制作量子比特的,而原子计算公司使用的是被激光捕获的在二维网格内的中性铷原子。该公司的首席执行官罗伯·哈斯(Rob Haas)强调,这种设计的一个优点是很容易扩大系统规模,他们的目标是每隔几年将机器中量子比特的数量提升一个数量级。此外,中性原子量子比特更适合量子纠缠,也更稳定。新量子计算机中的量子比特在崩溃前保持其量子状态近一分钟,这种相干性对纠错至关重要。相较之下,IBM 的"鱼鹰"的相干时间约为 70 到 80 微秒。① 这一成就的取得,当然是与量子力学在 20 世纪取得的理论研究的重大成果密不可分的。

科学研究与技术发明事实上是相互促进的。技术运用了科学研究的成果,技术发明则又为科学研究提供了新的手段。由于它们之间的关系非常密切,所以在社会上,一般人们不作区分,把从事科学研究与技术发明的人统称为科技人员或科技工作者,他们中的佼佼者都被称为科学家。

事实上,科学研究受到世界各国高度重视还是近现代以来的事。远古时代并没有现代意义上的科学研究,在那时人类是依靠生存与生活中的经验,逐步发明出各种生产工具的。我国古代的四大发明——造纸术、指南针、火药、印刷术都属于技术发明的范畴,对人类文明发展发挥着重要作用。

当然,科学研究成果的运用是技术发明的动力之一,技术发明从根本上来说,是源于人们生活与工作的实际需要,它通常发生在下述几种情况下。

第一,源于解放生产力,推动社会文明进步的实际需要。18 世纪前,人们主要依靠农业和手工业生活,当时生产力低下,交通不便,科学落后。封建地主占有大量土地和财富,剥削农民和手工业者。手工业者还受到行会的限制和管制,不能自由地生产和销售商品。这种生产方式已经不能满足人们日益增长的需求,导致了社会的停滞和危机。

经过漫长的中世纪(The Middle Ages, 476—1453)的黑暗时期,在欧洲兴起的"文艺复兴"运动,极大地解放了人们的思想,科学研究也摆脱了宗教的桎梏。一大批科学研究成果,比如牛顿力学的发展为机械发明提供了理论基础。在这一背景下,18 世纪

---

① 每日经济新闻.科技新突破! 全球首台能运行超 1 000 个量子比特计算机问世[EB/OL].(2023 - 10 - 26)[2023 - 11 - 26]. https://baijiahao. baidu. com/s?id=1780773741186820585&wfr=spider&for=pc.

60年代,织布工詹姆士·哈格里夫斯发明了"珍妮机"(Spinning Jenny)的手摇纺纱机,极大地提高了生产率;詹姆斯·瓦特(James Watt, 1736—1819)在1776年制造出第一台有实用价值的蒸汽机,后经多次重大改进,使之成为"万能的原动机",在工业上得到广泛应用,开辟了人类利用能源的新时代,使人类进入"蒸汽时代"。

第二次、第三次工业革命都在很大程度上提升了社会劳动生产力。正在进行着的第四次工业革命也会起着同样的作用。

当然,这是一种系统的、影响一个时代发展的技术变革。在2022年11月发布的ChatGPT与2023年11发布的GPT-4 Turbo都有可能成为这一意义上的创新。

人们在发现一种科学原理能够改变与改善生活以后,自然就会想方设法地把它运用于实际生活中。我们对此已经作了必要的说明。

随着人类对科学技术探究的深入,仿生学(Bionics)诞生了,它使人们在没有完全理解生物运动的科学原理时,也能模仿生物结构,创造出新的技术。ChatGPT的创造者也不知道它是怎样工作的。但是,他们在自然语言处理技术与人脑结构方面的研究,成就了机器自我学习,不断进化的智能聊天机器,其强大的功能令人咋舌。ChatGPT目前是否具有意识,会不会最终对人类造成威胁? 这恐怕是设计者至今也说不清楚的问题。

第二,源于人们生活中的实际要求。服装设计与缝纫技术是满足人"衣"的需要;烹饪技术是源于人"食"的需要,由此,人们创造出了越来越方便的烹饪工具,"美善品"在德国善做西点,在中国的"美善品"则中餐做得十分可口;高铁、磁悬浮高速列车是出于人"行"的需要;各种建筑设计与建造工具则是满足人"住"的需要;手机与互联网则是满足人们"信息交流"的需要。我们相信,随着世界各国老龄化问题日趋严重,智能人型机器人在未来3—5年内走进千家万户将不再是梦想,这就是为满足老人们居家养老的需要而产生的新技术。

人除了物质需要外,还有更重要的精神需要。为满足人的精神需要,包括娱乐器具在内的各种工具也被人们发明了出来。

上述两种技术发明的动力的特点是人们根据自己的需要,从科学研究或者自己生活的经验中去寻求可以转化为技术的原理,是一种拿来主义式的技术发明。随着社会的发展,当今人类则越来越多地根据自己的需要去探寻一些技术的科学原理。

随着高新技术在各国竞争中的作用越来越大,甚至在某些领域,特定的阶段起着决定国家命运的作用。所以,各国也越来越重视一些具有特定目的的科学研究,试图从这些研究中找到能够产生新技术的原理。

科学研究一般可以分为基础研究与应用研究。基础研究是科学家为寻求万物真相,满足人类好奇心的研究。它是一种没有特定的应用指向的研究。应用研究,则是在基础研究发现的原理基础上将原理转化为技术的研究。随着现代社会技术竞争加剧,世界各国都高度重视科学技术的研究与开发。所以,科学研究与技术开发的边界也变得越来越模糊了。

与科学研究相比,世界各国的中小学生可能更喜欢技术发明,因为相比于科学研究,技术发明最终的结果可能是产生一件具有独特性能的器具,这些器具具有很强的可视性,更吸引眼球,"秀"起来极具成就感。近年来,人工智能、量子技术、基因工程、新能源等技术领域的发展受到世界各国的高度重视。从中小学开始就涉足这些领域,培养学生对该领域的兴趣无疑有着重要意义。

1.2 技术发明探究活动的意义与价值

技术发明对社会文明发展具有深远的意义。它不仅推动了人类社会的文明进步和发展,还改变了人们的生活方式和社会结构。学生从事技术发明的探究活动,对其个人成长的意义更为重大,这些意义主要表现在以下几个方面。

第一,有助于学生未来的就业与创业。技能,无论是创造发明的技能,还是一些熟练的日常生活与工作的技能,都会让人们的生活与工作变得更舒适,更加高效。我国正处在一个急需"大国工匠"的时代,"大国工匠"通过其技能的发挥,可以将一项工作做到极致,这对提高劳动生产力有着极大的价值。尤其是一些技术发明领域中的突破可以有效地瓦解西方"卡脖子"技术的封锁。华为的 5G 逆风崛起,就是典型的例子。"技不压身"是民间对技能于个人价值的理解,这是很有道理的。

在如今智能化的时代,各行各业都面临着重新洗牌,有没有,有多少技能,尤其是技术创新的技能是人们能否从容就业与创业的关键。在产能过剩压力骤然增大的今天,国家特别注重对专精特新中小企业的扶持。据报道,在 2023 年,我国工业和信息化部累计培育专精特新中小企业近 10 万家,其中国家级专精特新"小巨人"企业有效数 1.2 万余家,每家扶持经费高达百万元。专精特新中小企业最缺乏的就是创新型的技术人才。培养一大批懂得技术创新的人才是时代的需要。

第二,有助于学生对科学原理的理解。如前所述,对知识完整的理解应当包括对

"知识到哪里去"的深刻理解。技术发明解决的就是"知识到哪里去"的问题。要知道"知识到哪里去",就必然地要求人们知道"知识是什么",以及"知识从哪里来"。弗莱明研制"电子管",必定是在对"爱迪生效应"有着充分理解的基础上进行的。没有对"爱迪生效应"的理解就不可能有弗莱明"电子管"的发明。技术发明的探究活动将极大地提升学生对相关科学原理,以及不同科学之间关系的理解,这一关系决定了技术发明的探究活动对接受性学习也有很大的帮助。

第三,有助于学生实践能力与劳动意识的增强。技术发明的探究活动是一个手脑并重的活动。其中,动手的部分可能更为重要。不动手就不可能有新器具、新产品。在这一过程中,对于劳动创造财富,学生会有更直观的认识并由此逐步地形成他们的理念,这一理念会使他们终身受益。

第四,有助于学生提升审美情趣与效益观念。发明一件器物,人们不仅要求它实用,一般还会要求它美观。只有既实用又好看的器物才能受到人们的欢迎。所以,在技术发明的探究活动中,学生审美的情趣也会得到同步的提升。

产品不仅要讲究观赏性、实用性,还要讲究经济性,即要求它有较高的性价比。为此,在发明过程中,学生要学会算账,要以最低的成本创造出具有最大价值的器具。学生的效益观念在这一过程中能够得到最大程度的增长。

技术发明不同于科学研究的地方还有一点,非常值得一提:为了推动技术发明及其应用,保护发明人的权益,使其有更强的动力从事技术发明,世界各国都以国家法律的形式建立了知识产权保护制度,形成了各具特点的专利法。专利法是对发明人利益的保护,由此可见,技术发明在世界各国眼里有多么重要。我国中小学有不少学生在创造发明中取得了一定的成绩,同时也申请了专利。我们期待有更多的中小学生能将其技术发明的成果转化为产品专利。

2 技术发明和改进的组织与指导

根据技术发明自身的特点与技术发明本身的规律,学生在从事技术发明时要经过以下几个阶段。

第一,确定项目。它大体相当于科学研究中的问题提出。中小学生确定项目时最好从小项目、容易实现的项目开始。给无人车设计最短途径以方便快递小哥递送物品,重建中小学生展示其勇毅品行的"勇敢者的道路"等都是不错的主意。相信我们的中小学生对有这样的机会展现自己的聪明才智,一定是充满期待的。

第二,项目论证。技术发明不同于科学研究最大的方面在于它不需要提出猜想与假设。因为技术发明本来就是在科学研究成果基础上的延伸,只要学生充分地掌握了并准确地运用这些科学原理,其科学性是能得到保障的。当然,这里需要强调的是,发明不同于后面要讨论的艺术创作。评价艺术创作的重要指标是它的观赏性。用废旧材料就能裁剪出一件时尚的服装,创作一件赏心悦目的作品。技术发明要具备可用性,能在实际生活中派上用处,艺术性当然也是需要考虑的重要方面。

项目可行性论证通常要包括以下几个方面:

(1)新颖性。新颖性指的是在外形与内涵方面有什么与众不同。比如,无人小车,你创作的与别人创作的有何区别,在功能上有何不同。区别于他人之处就是技术发明的新颖性。

(2)经济性。技术发明作为改善人类生活品质的创新型活动,必须从一开始就注意经济性,要充分考虑技术发明的性价比。虽然中小学生的技术发明没有用于生产,但是作为技术发明探究活动的参与者,学生要把它当作最终要作为产品去销售的。因而,经济性,尽可能地少花钱办好事,就是学生需要考虑的一个问题。

(3)在实际生活中的可用性。比如,欧拉一笔画问题,对欧拉来说,他只是想找出在什么条件下,一条无孤立点的连通图可以一笔画完的办法,于是他把这一问题抽象出来,用奇度节点、偶度节点奇数作为判断依据,完美地解决了这一问题,并由此开创了数学的一个分支学科——图论。在运用这一数学成果时,同学需要回答:一笔画在实际生活中有什么用? 能否为外卖小哥设计一条最短途径,为政府的地下管道设计提供最优方案? 为此,本平台专门安排了一个探究课题:最优路径规划。相信中小学生已有这个能力,在探究活动的基础上给出令人满意的答案。

第三,工艺设计。对于技术发明来说,工艺设计就是要确定完成预期项目的技术线路。这不仅要包括何时、由谁、干什么的问题,还要找出完成这一项目的核心与关键之处在哪里,主要困难是什么,通过何种途径来解决,等等。当然,此时还需要充分考虑所需要的设施设备以及耗材哪里来。兵马未动,粮草先行,说的就是这个道理。

在这一阶段,学生还要画出施工图,对拟创作的器具的整体与每一部分以图文的形式作出规定,这就像软件设计工程师在编写一款软件时先要给出一份软件设计流程图一样。

第四,动手实施。在技术发明的过程中,动手实施就是根据施工图规定的任务,在一定的时间里由专人负责的活动。动手施工是动手与动脑并重的活动。动手需要手巧,更需要心灵。这两者相互促进,才能将一项发明做到极致,收到预期甚至超预期的效果。

这里需要强调的是:在项目实施的过程中,学生总会遇到一些意想不到的问题,这时就需要他们回过来对工艺设计进行修改。这是一个在实践的基础上不断完善工艺的过程。

在团队合作项目中,任何涉及项目的部分改动都需要向全体成员通报,由大家集体协商。因为在项目中,一部分的改动往往是"动一发而牵其身"的,各自为政,会给他人的工作带来很大影响。

第五,修改完善。修改完善是指在产品未能达到预期目标的时候,需要找到原因,并及时作出修改,以期保证任务的顺利完成;或者在产品完成后,为进一步提升产品的质量、美观性,使产品更方便使用、更便于携带等作出的改动。这是技术发明过程中必须有的一个环节。

学生要认真记下上述过程中的活动记录,保留网上交流的文字、照片或视频材料,尤其是在这一过程中的"灵动一刻"。相信积极开展探究性教学的学校会为学生建立"探究性学习专题平台"的,建议在平台中给师生开通"灵动一刻"这一功能,为学生记录下自己的"奇思妙想"提供方便。

第六,成果的报告与展示。与数学和自然科学探究相同的是,成果展示的核心在于这一项目与同类其他项目相比,它的新颖性与创造性在哪里;不同的是,技术发明的成果展示一般需要提供实物或实物的照片,并配以图文表达。另外,在现场展示时还需要让它表现其功能。另外,一份说明其发明过程的报告也是必不可少的。

第七,回顾总结。回顾总结这部分在本书上一章已有充分描述,读者可以参考阅读该部分的文字,这里不再累赘。

上述技术发明的程序都是从学生操作的角度去呈现的,但在这一过程中,每一步都需要教师的指导。技术发明是最能激起学生奇思妙想的,教师的指导也会为学生的奇思妙想增光添彩。

3 技术发明的评估指标与量表

3.1 技术发明的评估指标

（1）技术发明中的好奇性与探究意识

（2）科技活动中的团队合作

（3）技术发明项目的提出

（4）项目设计方案

（5）工艺设计及其实施过程

（6）项目的创新性

（7）成果的可推广性

（8）成果的展示与表达

3.2 技术发明的评估量表

（1）技术发明中的好奇性与探究意识

等级	等级描述	关键观察点
A	该生有强烈的好奇心与探究意识，能根据自己的智能优势与社会需要，积极投身各种技术创新的活动，一旦对解决问题的新途径、新方法产生新想法，就有将其付诸实践的冲动。	对技术发明有强烈的好奇心；一旦产生新想法就有付诸实践的冲动。
B1	该生有较强的探究意识，能根据自己的智能优势，积极投身技术发明的活动。	利用自己的智能优势；积极参与各种技术发明活动。
B2	该生有较强的探究意识，善于发现社会需要，积极参与各种项目研究活动，并能较为积极地发起和参与在线讨论。	善于发现社会需要；积极参与各种技术发明活动。

等级	等级描述	关键观察点
C	该生有一定的探究意识,参与各种技术发明活动,在参与项目的在线讨论中似乎并不活跃。	有一定的问题与探究意识,但并不活跃。

（2）科技活动中的团队合作

等级	等级描述	关键观察点
A1	在项目活动中团队意识强,作为主持人能尊重其他团队成员,与他们配合默契,在团队中不同观点都有充分表达的机会,每一个体的积极性都得到充分发挥。	主持人能尊重其他团队成员;不同观点都有充分表达的机会。
A2	在项目活动中团队意识强,作为团队成员,积极发挥自己的作用,且善于吸收团队中他人的观点,团队中每一个体的积极性都得到充分发挥。	团队成员能积极发挥自己的作用;善于吸收团队中他人的观点,各尽其能,相互配合。
B1	项目活动分工较为明确,作为主持人发挥了较为明显的作用,团队成员能够相互配合,每个人的作用得到发挥。	主持人能积极发挥自己的作用;主要成员能各司其职。
B2	项目分工较为明确,作为团队成员识大体顾大局,能够相互配合,为本课题的顺利完成发挥了较为明显的作用。	团队分工较为明确;主要成员能相互配合。
C	团队成员有一定的合作意识,但相互间的配合存在一些问题,有进一步提升的空间。	团队成员相互间的配合存在一些问题。

（3）技术发明项目的提出

等级	等级描述	关键观察点
A	善于从身边或社会生活中发现问题,提出科技创新的项目,并能准确地表达它在实际生活中的运用。	对问题敏感,经常会有解决问题的奇思妙想。
B1	具有问题转化为项目的智能优势,但在大多数情况下,对社会问题不太敏感。	对问题不太敏感,但一旦发现问题就会有解决问题的奇思妙想。
B2	善于从生活与学习中发现有意义的问题,但只有在与他人讨论的过程中,才有可能将问题转化为项目。	对问题敏感,在别人的启发下能找到问题解决的途径。

等级	等级描述	关键观察点
C	稍欠对社会问题的敏感性，也不善于将问题转化为技术发明的项目。	对问题不太敏感，也没有太多解决问题的想法。

（4）项目设计方案

等级	等级描述	关键观察点
A	技术发明方案充满想象力，不落俗套，新颖独特；能根据问题与项目的性质，设计合乎逻辑的技术线路；具有可操作性；能充分考虑项目设计的成本与效益。	探究活动方案充满想象力；技术线路合乎逻辑且具有可操作性；能充分考虑项目的成本与效益。
B1	项目设计方案周延，能根据问题与项目的性质，充分考虑技术线路的逻辑性与方法途径的合理性。如能在想象力方面再有一些提升，本研究的成果就会有更大的创造性。	项目研发方案总体平稳；技术线路合乎逻辑且具有可操作性；但项目设计稍欠想象力。
B2	研发方案充满想象力，不落俗套，新颖独特；在技术线路的设计方面似乎逻辑性尚可提高，如能抓住一些关键要素，项目实施就能起到事半功倍的效果；项目设计方案具有可操作性；能充分考虑项目设计的成本与效益。	方案充满想象力，但技术线路不够严谨。
B3	研发方案充满想象力，不落俗套，新颖独特；能根据问题与项目的性质，设计合乎逻辑的技术线路；如能在项目设计的成本与效益上再下一些功夫，项目实施就能起到事半功倍的效果。	研发方案充满想象力；对成本与效益缺乏考虑，可操作性也存在问题。
C	项目设计方案具有一定的想象力；技术线路基本合乎逻辑，具有一定的可操作性，但这两方面仍有可提高的余地。	活动方案总体平稳，技术线路不够严谨，操作性也存在问题。

（5）工艺设计及其实施过程

等级	等级描述	关键观察点
A	在项目实施过程中，考虑周全，各环节衔接流畅，各部件配合得当，能够实现项目的总体目标；项目实施记录完整。	项目学习记录完整，从记录中可以看出实施过程精细；观察细致。

等级	等级描述	关键观察点
B	在项目实施过程中,考虑不够周全,在部分环节上出现了一些问题;但总体上,各环节衔接得比较流畅,各部件配合得比较得当,基本能够实现项目的总体目标;项目实施过程记录得不够完整。	项目实施过程记录得不够完整,部分数据存在准确性的问题,但从总体而言,整个活动考虑周全,实施精细。
C	在项目实施过程中,考虑欠周全,实施精细化程度还有待提高;各环节、各部件的衔接与配合有待提高,项目实施记录相对比较随意。	项目学习记录比较随意,部分数据存在准确性的问题,整个活动考虑欠周全,实施不精细。

（6）项目的创新性

等级	等级描述	关键观察点
A	项目成果具有相当的新意,在概念设计与技术线路等方面都有独到之处。在同学中处在前 15% 的水平上。	在概念设计与技术线路等方面都有独到之处。在同学中处在前 15% 的水平上。
B1	项目成果具有一定的新意,概念设计上有独到之处,但在技术线路设计上还需进一步努力,在同学当中处在平均水平之上。	概念设计上有独到之处,但在技术线路设计上还需进一步努力,在同学中处在平均水平之上。
B2	项目在设计线路上有独到之处,但在总体概念设计方面似有进一步提升的空间,在同学当中处在平均水平之上。	设计线路有独到之处,但在总体概念设计方面有一定欠缺,在同学当中处在平均水平之上。
C	项目成果有新意,在项目探究过程中自身得到了较大程度的提高。	总体上处在平均水平之下。

（7）成果的可推广性

等级	评价项目	评分依据
A	项目成果具有相当的实用价值,且对成本-效益有精细的思考,达到专利申请的水平。	成果有实用价值,且对成本-效益的考虑周全,达到专利申请的水平。

等级	评价项目	评分依据
B	项目成果具有一定的实用价值,但对成本-效益的考虑不够周到,进一步完善后有可能达到专利申请的水平。	成果有实用价值,但缺乏对成本-效益的考虑,进一步完善后有可能达到专利申请的水平。
C	项目成果有一定实用性,希望在可推广性与成本-效益上再作一些考虑。	项目成果缺乏可推广性。

（8）成果的展示与表达

等级	等级描述	关键观察点
A	能将实物展示与图文表达很好地结合起来,展示形式恰当,表现方式多样;讲解清晰,具有很强的吸引力。	成果展示的形式恰当,表现方式多样,讲解清晰,能为 80%以上同年级及以上学生所理解。
B1	能将实物展示与图文表达较好地结合起来,成果展示的形式比较恰当,但表现方式单一,讲解不够清晰,稍有欠缺;总体上具有一定的吸引力。	成果展示的形式恰当,但表现方式单一,稍有欠缺,能为一半以上同年级及以上学生所理解。
B2	实物展示与图文表达配合得比较松散,展示形式有待提高;表现方式多样,讲解清晰,具有一定的吸引力。	成果表现手段多样,但展示形式有待提高,缺乏从受众角度的考虑,能为一半以上同年级及以上学生所理解。
C	能基本表达出项目的成果,表现方式单一,展示形式有待提高;较难为社会大众与同年级学生所理解。	成果展示形式缺乏从受众角度的考虑,表现方式单一,大多同年级及以上学生理解起来较为费力。

私房菜创作

在上海有一所学校,每年寒假都会办一期学生自愿报名参加的烹饪实习班。学生每天在食堂跟着厨师学做一道菜。约 10 天时间,学生能掌握 10 来个菜的烹饪技术。在大年夜,这些孩子在家掌勺做了一桌年夜饭,父母见到孩子能为全家做饭都由衷地感到高兴。他们为孩子长大而高兴,为孩子学会劳动而高兴,更为他们的一片孝心而高兴。

在一般人的认知中,西红柿是蔬菜,可以与鸡蛋一起炒着吃;西瓜是水果,切开直接吃。蔬菜与水果泾渭分明。如果人们脑洞大开,来做一份"西瓜甜椒炒肉丝"怎么样? 相信其丰富的口感,鲜艳的色彩会勾起不少人的食欲。学生在创作这一菜谱的同时也会体验劳动的价值。

下面就是"文心一言"给出的菜谱,请小学高年级的同学尝试做做。

苏式西瓜甜椒炒肉丝的做法:

(1) 所需材料

西瓜 200 克

甜椒 1 个

猪肉丝 150 克

生姜适量

盐适量

糖适量

生抽适量

料酒适量

生粉适量

食用油适量

(2) 步骤

① 准备材料:西瓜切成小块,甜椒去籽切成丝,猪肉丝用料酒、生粉、盐腌制 10 分钟。

② 炒肉丝:锅中放适量油,烧热后加入腌制好的猪肉丝,翻炒至变色后盛出备用。

③ 炒西瓜和甜椒：锅中再放一点油，加入西瓜和甜椒丝，翻炒至甜椒断生。

④ 混合炒制：将炒好的猪肉丝加入锅中，继续翻炒均匀。加入盐、糖、生抽调味。

⑤ 出锅装盘：将炒好的西瓜甜椒炒肉丝装盘即可。

这道菜不仅口感丰富，色彩鲜艳，而且营养价值高，是一道适合夏季食用的苏式菜肴。

本题也适合中学生探究，不过中学生在做好这一道菜，并请同学品尝后，需要做"跟进调查"，设计问卷调查表，请用过这一道菜的同学就"色""香""味"等方面作出评价。然后，根据他们的反馈意见对菜谱进行修改，直到绝大多数同学满意。

下一道菜为麻辣葡萄鸡丁，菜谱也是由"文心一言"给出的。

川菜作为中国四大菜系之一，以其独特的麻辣味道和丰富的菜品种类而著名。今天我们要做的菜品是麻辣葡萄鸡丁，这是一道口感鲜美、色彩艳丽的川菜佳肴。这道菜非常适合高中生尝试制作，不仅口感好，而且营养丰富，能够提供足够的能量和蛋白质。

以下是麻辣葡萄鸡丁的菜品做法：

（1）所需材料

鸡胸肉 250 克

葡萄干 50 克

干辣椒 10 个

花椒适量

青蒜苗 1 根

蒜 3 瓣

姜 1 块

料酒 1 汤匙

生抽 2 汤匙

老抽 1 汤匙

白糖 1 汤匙

精盐适量

色拉油适量

（2）步骤

① 鸡胸肉洗净，切成大小均匀的丁状，用料酒、生抽和精盐腌制 15 分钟。

② 葡萄干用清水浸泡 10 分钟,捞出沥干水分。

③ 干辣椒剪成小段,蒜和姜切成末,青蒜苗切成小段备用。

④ 热锅凉油,将腌制好的鸡丁倒入锅中煸炒至变色,盛出备用。

⑤ 锅中再次加热,倒入色拉油,放入干辣椒段、蒜末和姜末煸炒出香味。

⑥ 加入葡萄干翻炒均匀。

⑦ 将煸炒好的鸡丁倒入锅中,加入生抽、老抽和白糖翻炒均匀。

⑧ 最后加入青蒜苗翻炒均匀即可出锅。

浮桥——勇敢者的道路的设计

20 世纪五六十年代,上海长风公园有一条路叫做“勇敢者的道路”,那时它是中小学生最爱走的路。它模拟红军二万五千里长征路上遇到的困难险阻,设计了绳梯、障碍墙、战壕、碉堡等充满挑战性的障碍,让中小学生在行走中培养自己勇毅的品质。目前,我国不少地区与学校,本着与长风公园同样的目标,陆续恢复与重建了“勇敢者的道路”。

请在平衡挑战性与安全性的基础上,设计出下面的路障:

(1)浮桥。要求利用废油箱或桶装水瓶等物,建造能同时允许 10 人通过的一座浮桥。在精确计算浮桥浮力与必要的安全系数的基础上,先画出施工蓝图,在充分论证后付诸实施。

(2)障碍墙。障碍墙可以以一定倾斜度的墙体为支撑,仿照攀岩增加一定的立足点,也可以用绳索间隔设置,需要学生攀墙通过。

“勇敢者的道路”设计可以不拘一格,由同学根据学校的情况开动脑筋进行设计,当然,安全问题是设计过程中必须考虑的。

冷藏与真空包装对食品保质期与新鲜度的影响比较研究

冷藏是在冰点以上条件下保存食品的一种方法。它主要是使食品的生命代谢过程尽量延缓,其目的在于防止食物变质、腐烂。冷藏有利于减少因虫害、寄生虫和鼠害而引起的损耗,并提高了食品的安全性。现在随着食品加工技术的不断发展,冷却冷藏技术在食品加工过程中也得到了运用,从而改进了食品加工的质量。食品生产过程中某些化学和酶的反应率,以及所需要的食品微生物的新陈代谢和生长率,如干酪成熟、牛肉嫩化、肉类腌制、饮料酒陈酿等也常采用冷藏技术来加以控制。冷藏技术还可以应用于罐藏加工中,如改善桃子去皮和去核。柑橘榨汁和渗滤时风味的恶化也可以利用冷藏技术来加以改进。冷却冷藏技术能便于肉类切割和面包切片,从而可以在很大程度上提高工作效率。食用油中蜡的沉淀也可用冷却冷藏技术来完成。清凉饮料用水充气前需经冷却处理以便增加二氧化碳的溶解度。

不同的食品具有不同的最适冷藏温度。

真空包装也称减压包装,是将包装容器内的空气全部抽出密封,维持袋内处于高度减压状态。空气稀少的低氧效果使得微生物失去了生存条件。通过真空包装,人们轻易地达到了保持食品新鲜、无病腐发生的目的。应用的有塑料袋内真空包装、铝箔包装、玻璃器皿、塑料及其复合材料包装等。真空包装需要根据物品种类选择包装材料。

本研究要求分果蔬、肉类、海鲜等几大类食品,比较冷藏与真空包装技术对食品保质期与新鲜度的影响。

要求小学生通过肉眼观察的方法,比较冷藏与真空包装两种不同技术对不同食品的影响。比较要在确定的条件下进行,比如,冷藏的温度、真空的程度等。

要求中学生运用电子显微镜等对食品生化机制的变化作出对比,揭示两种不同技术对食品生化过程的影响。

最短路径设计

在18世纪的东普鲁士哥尼斯堡城有七座桥将普雷格尔河中的两个岛及岛与河岸连接起来。很多人想一次不重复地走完这七座桥,但都没有成功,为此,他们去请教了大数学家欧拉。在经过一年的研究之后,29岁的欧拉在1736年提交了题为《哥尼斯堡七桥》的论文,圆满地解决了这一问题,同时开创了数学领域新的分支——图论。他把问题归结为如图6.1所示的"一笔画"问题,并证明了上述走法是不可能的。

欧拉提出,如果一个顶点的节点数(即在这一点上,连接的线段数)是奇数,这个顶点就叫做"奇度顶点",如果是偶数,就叫做"偶度顶点"。比如,图6.1中的点A、B、C、D均为奇度节点。

岸，岛 ⇒ 点　桥 ⇒ 线

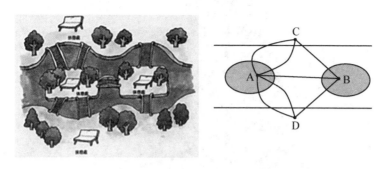

实际问题 ⟹ 一笔画问题

图 6.1　哥尼斯堡七桥问题与一笔画示意图

欧拉路径的必要条件：

1. 图必须是连通图，无孤立点；

2. 奇度节点个数必须是 2 或 0，如果是 2 的话，那么其中一个为起点，另一个为终点；如果为 0 的话，欧拉路径为欧拉回路，即起点和终点是同一个点；

3. 如果奇度节点多于 2 个，就像哥尼斯堡七桥一样有 4 个奇度节点，那么就成了多笔画的问题，其笔数等于奇度节点数除以 2，即一个图的笔画数满足以下公式：

$$奇点数 \div 2 = 笔画数$$

一笔画在生活中有着广泛的运用，也是现代人工智能依赖的重要算法之一。不走重复的路，这将大大减少物流的消耗。掌握一笔画对于学生解决物流问题有极大的帮助。人们也可以依此来检验图形是不是可以一笔画出，而在不可能一笔画出的情况下，也可以依据给定条件，找到使得整个行走路径最短的走法。

（1）如图 6.2 所示：在城市中心花园广场周围有 5 个圆形小区。现有一个快递小哥负责所有小区生活用品的分送工作，每一个小区均有 A、B 两点与广场相连（A、B 间弧线距离为 L），请同学帮助快递小哥设计一条最佳途径，使其能以最短线路历遍所有小区（可重复，但不能遗漏），其中白色虚线部分为必经的道路。广场的直径为 M，小区的周长为 K，包括 A、B 两进出口之间的距离 L。

（2）在学生充分理解欧拉一笔画原理的基础上，该课题要求学生为卡丁车设计一款智能软件，让卡丁车无须人工操作，智能地选择最短路径。

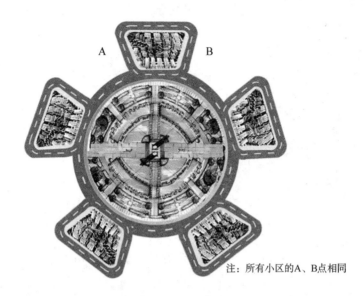

注：所有小区的A、B点相同

图 6.2　城市中心广场与周边居民小区示意图

图 6.3　智能卡丁车

通过本课题研究，学生将进一步提升数学建模能力，学会像欧拉一样把七桥问题，转化为封闭线段的奇、偶点个数的问题，在实践中不断提升自己的数学建模能力，运用已知知识去解决真实问题。这无疑对中学阶段的学习与以后的生活和工作都有很大帮助。

进阶课题：最优路径规划。最优路径规划是政府在规划区域发展中经常碰到的问题，怎样才能把它们安排得更合理，少花钱，多办事，就是最优路径规划设计的问题。这一问题与一笔画有紧密的关系，也有一定的区别。

如图 6.4 所示，某乡有 9 个行政村，图中的点表示村庄，线表示道路，数字表示道路的长（单位：千米）。现在这个乡为进一步改善居民生活条件，准备铺设燃气管道。请你在保证燃气管道互相连通的情况下，去除不必要的管道。

在一笔画与多笔画问题中，道路是不

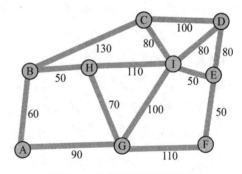

图 6.4　最优路径规划示意图

能改动的;在最优路径规划设计中,管道是可以改动的。在最优路径规划设计中,人们需要尽可能地将多笔画改成一笔画,同时,保留的管道要尽可能地小于删除的管道。

最后,该项研究需要课题组对设计的方案做出数学证明。

量子点提取技术探究

量子点(Quantum Dot)是把激子(Exciton)[①]在三个空间方向上束缚住的半导体纳米结构。有时被称为"人造原子""超晶格""超原子"或"量子点原子",这是始于20世纪70年代发明的科学新技术。

现代量子点技术要追溯到20世纪70年代中期,它是为了解决全球能源危机而发展起来的。通过光电化学研究,科学家开发出半导体与液体之间的结合面,以利用纳米晶体颗粒优良的体表面积比来产生能量。1981年,瑞士物理学家在水溶液中合成了硫化镉胶体。他们发现不同大小的硫化镉颗粒可产生不同的颜色。1983年,贝尔实验室科学家布鲁斯·罗森布鲁姆(Bruce Rosenblum,1926—2014)证明了改变硫化镉胶体的大小,其激子能量也会随之变化。于是,他将这种胶体与量子点的概念联系起来,首次成功地制作出了胶状量子点(Colloidal Quantum Dot)。这个工作对了解量子限域效应很有帮助,该效应解释了量子点大小和颜色之间的相互关系,同时也为量子点的应用铺平了道路。

图6.5 布鲁斯·罗森布鲁姆和弗雷德·库特纳的《量子之谜:物理学遇到的意识》

2018年9月,合肥工业大学的科研人员与中国科学技术大学、广东省科学院合作,首次成功将石墨相氮化碳应用于下一代量子点显示技术,并成功制备了新型量子点显示器件。

[①] 在半导体中,如果一个电子从满的价带激发到空的导带上去,则会在价带内产生一个空穴,而在导带内产生一个电子,从而形成一个电子-空穴对。空穴带正电,电子带负电,它们受到库仑力而互相吸引,并在一定的条件下会使它们在空间上束缚在一起,这样形成的复合体称为激子。激子作为一种准粒子,寿命很短,最终会消失。

央视的《走近科学》节目对量子点的关注提升了普通老百姓对这一高新科技的认知,让量子点电视走向千家万户,成为智能电视未来的主流产品。

图 6.6　量子点电视

量子点显示技术是当代最新的前沿科技。不过量子点的制备技术却非常简单,利用厨余垃圾,比如香蕉皮或者土豆块,加上一台烤箱就能获得达到纳米级的量子点。观察量子点在不同纳米级别的色彩变化,对于我们提升对"真理是具体的""量变引起质变"等哲学观念的认识有重要帮助。

本课题的研究对于提升学生对物理学研究的兴趣、学生的理论思维能力有重要意义,有助于学生把握物理世界的变化。

这一研究不仅对学生理解物理世界有重大帮助,同时对训练中学生的写作能力,尤其是提升对相关问题的理论思维能力,也会有相当的帮助。它不针对某一问题,而是对所有问题都提供思考问题的底层构架,使学生对各种不同的问题有更深入的见解。

本课题要求学生根据视频内容[4]动手用厨余垃圾制作碳量子点,观察在不同纳米尺度条件下碳量子点色彩的变化。

更进一步的研究则需要学生对由不同材料制成的量子点的大小及其所显示的色彩作比较研究,并形成专题报告。

参考文献

1. [美]布鲁斯·罗森布鲁姆,弗雷德·库特纳. 量子之谜——物理学遇到的意识[M]. 向真,译. 长沙:湖南科学技术出版社,2013.
2. 参见"一分钟了解量子点":https://www. baidu. com/sf/vsearch?pd＝video&wd＝％E9％

87％8F％E5％AD％90％E7％82％B9&tn＝vsearch&lid＝d6bdcc6a0009d0c3&ie＝utf-8& rsv_pq=d6bdcc6a0009d0c3&rsv_spt＝5&rsv_bp＝1&f＝8&atn＝index。

3. 王霆. 走向微纳光学！量子点或能改变地球面貌［EB/OL］.（2019－01－23）［2023－11－14］. https://www. kepuchina. cn/article/articleinfo? business _ type ＝ 1&classify ＝ 2&ar _ id ＝AR201901231753050987.

4. bilibili. 全网最绿色的荧光材料制备？用厨余垃圾烤制的碳量子点，要不您也来一份？［EB/ OL］.（2021－09－03）［2023－06－24］. https://www. bilibili. com/video/BV1bg411V78j.

一个民族要想站在科学的最高峰,就一刻也不能没有理论思维。

——恩格斯
(Friedrich Engels, 1820—1895)

第七章
文史哲探究活动的组织与指导

文学、历史以及哲学都属人文社会科学的范畴。一般认为社会科学（Social Science）是用科学的方法，研究种种社会现象的各学科总体。广义的"社会科学"包含了人文科学，如中国社会科学院设有社会科学和人文科学两类研究所。但对于一些学科，比如心理学，究竟是社会科学还是自然科学，各家都有着不同的看法。在 1965 年之前，南京大学心理学系设在理学院下；而中国香港则跟随欧美地区的做法把它归入社会科学范围之内。再如历史学，有人把它纳入社会科学，也有人将其归为人文科学，有人干脆把它看作社会科学与人文科学之间的交叉学科。

确实，它们有着不同于自然科学的独特的研究方法与评价标准，因而我们把它单独归为一类。不过，在文学、历史与哲学研究中，文学与历史学的研究方法有着很大的不同，在本章第一节，我们将对其展开适当的讨论。可以说，文史哲探究活动的难度对于中小学生来说并不比自然科学研究的难度低。在其发展过程中，其所含学科领域流派众多，观点各异，可谓令人眼花缭乱。不过也正因为如此，在学科的探究中，学生可以更多地学会比较、鉴别，学会去伪存真，在探究中积累经验、夯实基础，逐步提高文学作品的创作力、史学观点的鉴别力与哲学问题的思辨力。

为此，本章从语文、历史以及哲学探究对人自身智慧的养成、对社会文明发展的影响谈起，再论及文史哲探究活动的组织与指导，最后对文史哲探究活动的评价作一些讨论。

1 文史哲学科的性质与特点

1.1 关于语文性质的讨论

语文是什么？这个问题看起来是一个很傻的问题。语文不就是从小学、初中、高中一直到大学都在学习的重要课程吗？不过偏偏有人挑起了一场争论，他们认为：语文是语言与文字两学科的结合。当然，作为一种认知，笔者对此不作评论。

事实上，语文确实不是一门学科，而是语言学与文学的结合。语言学是一门科学，它研究的是"字"如何组成"词"，"词"如何组成"句"，"句"如何组成"篇"。语法就是语言表达法则。

事实上，语言是思维的载体，是思维的物质外壳。斯大林（Иосиф Виссарионович Сталин，1878—1953）在《马克思主义和语言学问题》中指出："没有语言材料、没有语言的'自然物质'的赤裸裸的思想，是不存在的。"[①]语言是人们在社会劳动过程中，为传递信息、交流思想而发展出的。文学则借助言语表达作者的所思所想、爱恨情仇与喜怒哀乐。文学当然需要作者相当的语言技巧，以提高作品的感染力，引起读者情绪的共鸣。但是从根本上来说，它所表达的是人的思想。2022 年 11 月，随着 ChatGPT 的问世，大型语言模型改变了自然语言处理和人工智能的格局，使机器能够以前所未有的准确性与流畅性理解和生成人类语言。

在语言学的研究上，不得不提到杰出的语言学家乔姆斯基（Avram Noam Chomsky，1928—　　）。乔姆斯基在 20 世纪中叶就创造性地提出了转换生成语法理论。这一理论的核心观点是：所有的语言都可以通过一系列的转换规则从一个基础语法中生成。这个基础语法被称为生成文法（Generative Grammar），它使用一系列规则来构造语言的句子和短语。生成文法的基本元素包括词汇、短语和句子，词汇是具体

---

① 中共中央马克思恩格斯列宁斯大林著作编译局.斯大林文选(1934—1952)[M].北京：人民出版社，1962：547.

的单词,短语是由词汇组成的词组,而句子则由短语构成。该理论旨在描述人类语言的规则和结构,并被广泛应用于自然语言处理和计算机科学领域,也极大地促成了ChatGPT 的发展。

文学是研究人、描述人的学问,苏联著名作家马克西姆·高尔基(Maxim Gorky, 1868—1936)说过,"文学是人学",是研究人与描述人的学问。

作为研究人的学问,文学一直受到我国青少年的喜爱。然而,遗憾的是,这些年随着"自媒体"的侵入,"浅阅读"日渐成为常态,对文学作品进行仔细阅读和深度思考只是少数人才有的习惯了。

文学对人性揭示的深刻程度、对社会问题理解的透彻程度反映的是作者思维的深刻程度。作品的肤浅本质上是作者思维的肤浅。这不是作者可以借助语言技巧掩饰得了的。所以,提高文学水平不仅要掌握语言技巧,更要努力提高我们的观察力与思维力。学习哲学是提升学生思维品质的重要途径。

正是基于这样的原因,近年来已有越来越多的中小学积极开发"哲学初步""少儿哲学"或者"哲学启蒙"等校本拓展课,努力为学生思维品质的深化提供坚实的基础。

长春汽车经济技术开发区第六中学校长张彤说:"现在学生读的书不是动漫,就是'上中下人口手'式的不需动脑筋的书,真正能历练思维、引发思考的东西似乎难见到了。"有鉴于此,该校开设了一门校本选修课"少年哲学"。该课程的目标是"扩大学生的知识面,引发学生对深刻思想的思考兴趣,培养学生的批判性思维"。这是很有见地的。

1.2 关于史学探究

史学(History,源于古希腊语ίστορία,意为"询问")是人类对自己和客观世界发生发展过程的材料进行筛选和组合的知识形式。唐太宗李世民说:"以铜为镜,可以正衣冠;以古为镜,可以知兴替。"这段名言充分地说明了历史研究的意义与价值。

历史,在广义上指客观世界运动发展的过程,分为人类社会史和自然史两方面。历史是研究人类变化、社会兴替、宇宙演化以及人类对其认识过程的重要的人文学科。

通常所说的历史是指人类社会史。历史,就是"人的故事",指过去发生的事情,是客观存在的事情。许慎在《说文解字》中说:"史,记事者也;从又持中,中,正也。"此便指出"史"的本意即记事者,也就是"史官"。由此引申,则代表被史官记录的事。换句话说,即所有被文字记录的过去的事情。

自然史又分为自然演化史与自然科学史。自然演化史研究宇宙、太阳系以及我们生活在其中的地球的起源与演化历史。自然科学史包括数学史、物理史、生物史等,它们记录了千百年来先哲们在研究自然科学过程中的探索与取得的成就。

不同于文学创作与评论的是,史学研究与评论要基于历史事实,即结论都要以从历史事实出发为基础。历史并非任人打扮的小女孩。历史事件也有自己评价的客观标准,即这一事件是否推动了社会生产力的解放与社会文明的发展等。比如,关于我国古代数学发展的成就研究,要以各种典籍中记载的数学发现为依据,作出合理的推断,不能随意想象。考古学就是一项不断地发现古代文物,以寻求证据的工作。

史学研究与评论是一项事实判断与价值评判相统一的活动。史学研究不可能只是一大堆历史事实的陈述,其评价主体是统治阶级的意志,这在世界各国的史学研究与评论中没有例外。比如,郑和下西洋与其后的哥伦布发现"新大陆"都是在"大航海"时代的活动,这些活动对世界格局的变化产生了巨大的影响。但是,在世界上不同的国家,它们的历史地位有着很大的差异。确实,郑和下西洋与哥伦布发现"新大陆"在目的和结果方面都有着巨大的不同。所以,这就需要我们今天在还历史真相的同时,依据它们对社会文明发展的贡献作出价值判断。

历史发展是在偶然性中体现出其必然性的。这是我们建议学生把史学研究与哲学研究结合起来的重要理由,与哲学研究的结合是在史学研究中提升自己思辨能力最好的途径。

文学与历史是分不开的,文学以自己的方式参与历史建构和传承,这不仅适用于历史题材创作,而且也适用于一切文学作品和文学研究。

1.3 关于哲学探究

哲学即"追寻智慧",是对人与自然基本和普遍的问题进行研究的学科。胡适在《中国哲学史大纲》中说:"凡研究人生切要的问题,从根本上着想,要寻一个根本的解决,这种学问,叫做哲学。"冯友兰在《中国哲学简史》中把哲学称为"对于人生的有系统的反思思想"。哲学一般被认为是具有严密逻辑系统的宇宙观,研究宇宙的性质、人在宇宙中的位置等一些基本问题。

可以说,今天的许多学科,尤其是社会科学的众多学科大多是近代以来从哲学中分化出来的。哲学是它们的母体,这些学科的逻辑起点或底层架构都扎根于哲学之中。因而,培养学生的思维能力,从哲学开始就是最好的选择。

在本书第一章中，已经论及国际竞争日趋激烈，产业掉链、科技脱钩成了某些国家赢得国际竞争的重要手段。科学创新、技术发明已经成为不少国家关注的重点，科学技术的教育也从来没有像今天这样受到世界各国的高度重视。

从目前我国高考改革的走向来看，各科的命题越来越注重对考生思维品质的考核，无论是数学、语文还是其他学科。通过反复刷题来获得高分，已经很难在高考中实现了。

比如，2022年适用于山东、河北、湖北、湖南、江苏、广东、福建的全国卷新高考Ⅰ卷的一道作文题：

"本手、妙手、俗手"是围棋的三个术语。本手是指合乎棋理的正规下法；妙手是指出人意料的精妙下法；俗手是指貌似合理，而从全局看通常会受损的下法。对于初学者而言，应该从本手开始，本手的功夫扎实了，棋力才会提高。一些初学者热衷于追求妙手，而忽视更为常用的本手。本手是基础，妙手是创造。一般来说，对本手理解深刻，才可能出现妙手；否则，难免下出俗手，水平也不易提升。

以上材料对我们颇具启示意义。请结合材料写一篇文章，体现你的感悟与思考。

要求：选准角度，确定立意，明确文体，自拟标题；不要套作，不得抄袭；不得泄露个人信息；不少于800字。

该题确实难倒了不少考生。其实，该题在相关描述中已经提示了："对本手理解深刻，才可能出现妙手；否则，难免下出俗手。"这就是说，该题要求考生能讲清"基础"与"提高"、"基础"与"俗手"的关系。这些关系普遍地存在于我们的学习与日常生活中，对这些问题思考的深刻程度反映了学生思维的深刻程度。只有善于思考、敏于迁移的学生才能在面对这类作文时取得好成绩。

也是出于同样的目的，在本书的推荐探究课题中有一题："眼见一定为实吗——关于现象与本质的探讨。"通过对这一课题的深入探讨，相信学生们对马克思的"如果事物的表现形式和事物的本质会直接合而为一，一切科学就都成为多余的了"[①]，以及毛泽东在《实践论》中说的"要完整地反映整个的事物，反映事物的本质，反映事物的内部规律性，就必须经过思考作用，将丰富的感觉材料加以去粗取精、去伪存真、由此及彼、

---

① 中共中央马克思恩格斯列宁斯大林著作编译局. 马克思恩格斯全集：第25卷[M]. 北京：人民出版社，1974：923.

由表及里的改造制作工夫"的论断会有更深刻的理解。这不仅大大有助于学生对社会现象的认识,也会极大地提升学生对自然科学探究本质的理解。

2 文史哲探究性教学的组织与指导

事实上,文史哲的探究是一个很大的课题。从探究的角度来说,至少可以分为文史哲作品的创作与文史哲作品的评论。在这两方面其探究的要求是不一样的,需要分别进行讨论。

2.1 文史哲作品的创作

学做文史哲作品的创作是每一个同学都心向往之的事。创作大体需要经过以下几个步骤。

第一,确定主题。确定主题就是明确自己想要表达的主题和目的,以及作品的形式和风格。在这一过程中,大量的阅读是必须的,它是学生学习创作的第一步。学生学习创作通常要大量阅读各种类型的文史哲作品,以了解不同类型作品的风格、结构和写作技巧,从而为自己的创作打下基础。当然,受限于时间,阅读通常又有精读与泛读两种类型。学生要学会区别哪些作品需要精读,哪些作品只需泛读,从而优化自己阅读的时间。

对于文学创作来说,在确定主题这一阶段需要深入社会,广泛地了解想创作的对象的特点,以及他们的各种心理活动。文学是描述人的,描述人首先需要研究人,研究人心,把握人性。

对于史学作品的创作来说,广泛地阅读各种历史文献资料在这一阶段很重要。中小学生想要掌握第一手的史料在大多数情况下是很困难的,因此,在这一阶段到博物馆多走走,从博物馆里寻找所需的资料是一个切实可行的举措,从博物馆得到的材料其可信性与可靠性都能得到保障。

对于哲学作品的创作来说,学生要对哲学各种流派的学说有一个深刻的了解,同时,在仔细地观察社会与自然的基础上,确定自己想探究的特定主题。

第二，积累素材与寻求灵感。在进入这一阶段之前，学生需要问问自己对上一阶段确定的主题的创作活动是否充满了期待与创作的冲动。只有当自己内心的回答为"是"的时候，才能进入到后续阶段。如果在这时学生还没有创作的激情，建议暂缓作品的创作。可以肯定地说，如果对这一主题作者自己都激动不起来，那么他创作的作品要想感动别人是很难的。

所谓"积累素材"就是从创作的角度尝试找到作品的细节，比如，人物内心细微的心理活动。在史学作品的创作中，要发现在这一主题方面未被他人发现的细微之处。这样才能写出别人没想到或想不到的东西，使作品更有生命力。

与此同时，学生需要花费一些时间和精力来学习基本的写作技巧，创造人物、塑造场景与设计故事情节等。

第三，着手创作。此时，学生需要将灵感和素材结合起来，按照自己的写作风格和节奏，着手创作。在创作过程中，借鉴一些大师的写作手法是学生行稳走远的必经之途。比如，虚实相生（通过虚实对比，使作品更加丰富和深刻）、抑扬结合（对事物先抑后扬或先扬后抑，突出人物或事物的特点）、正侧相补（通过对人物或事物正面描写和侧面描写的相互补充，使作品更加生动丰富）。此外，还有衬托（用类似的事物或反面的事物来衬托主要事物，使其更加突出与鲜明）和倒叙（通过将事件的顺序颠倒，增强作品的悬念）等。

对于文学作品，故事情节的设计要在"情理之中，意料之外"。如果情节大多在读者"意料之中"或者被读者认为"情理之外"，那就很难受到读者的欢迎。

第四，修改完善。完成初稿后，学生需要对作品反复进行修订。修改需要从作品的意境与格局、情节与细节、逻辑与语法等各方面进行。

文学作品与史学论文都是需要不断修改和完善的，每次修改都可以使作品更加完美。对于自己完成的作品，建议学生先放上一段时间，在这段时间里做做其他事情。等自己对作品感到有那么一点生疏时，再回过来着手修改，可能效果会更好。因为自己刚完成的作品，本人沉醉其中，是很难发现问题的。将作品展示给其他人，听取他们的反馈和建议，对完善作品也有很大的帮助。

第五，出版发表。对于初学创作的学生来说，其新作品正式出版或在正式刊物上公开发表是有困难的事。如果作品适合出版，学校、家长当然都会为学生提供机会的，不过对于学生来说，初创更多的是练笔，通过这一过程使自己在创作的路途上能尽早地迈出第一步。此时，在学校内部的刊物或展板上发表也是一个不错的选择。

作品创作事实上是一项十分艰难的工作。在这个过程中,学生要努力扎实自己的功底,要讲究功力,这一功力就要看作品的意境、格局,呈现的观点、表达的情绪,行文的逻辑,等等。文史哲作品的创作有着自身的规律,当然,也需要有它独有的技巧。努力把握这些技巧对于提升创作者的水平有很重要的作用。

对于提升学生的文学创作技巧,在华东师范大学慕课中心平台(www.c20mooc.org)上有相关系列微视频,这些视频深受学生的欢迎。

第六,适时对作品进行评价。成就感始终是学生学习的动力,当然,也是学生从事艺术创作的动力。相信学校的教师不会吝惜他们的赞语,不会吝惜给自己的学生提供展示才能的舞台。给学生争取与提供恰当的舞台,也是满足学生成长的需要。

2.2 文史哲作品评论的要点

作品的评论就是对他人的作品发表自己的看法与意见。在网上,给一些博主点赞也是一种评论,这是最简单的评论。在这里我们讨论的评论是对别人公开发表的作品在细致探究的基础上作出严肃且适当的评论。这种评论对评论者有相当高的要求,因而是需要相当功力的。前面我们讨论的文史哲作品创作过程的要求,对作品评论同样是适合的,这里我们只是对作品评论中应当关注的要点作进一步的说明。当然,这一讨论也可以看作中小学生文史哲作品创作在内容上的要求。在对他人作品进行评论的过程中,要紧紧抓住以下几个重要的方面。

第一,选题的思想性与价值的指向性。不管是文学、历史还是哲学作品的评论,首先应当关注的是其作品的思想性与价值的指向性。文学与艺术表现的是作者对真善美的追求,只有心中有着对真善美的向往,不断培育真善美的基因,才能创造出讴歌真善美的作品。发自肺腑才能直达人心。作品要感动人,首先自己要被感动。虚情假意之下难有催人泪下的作品。文学与艺术都是反映人、描述人的,文学与艺术作品应当包含人性的良知,引领人们品味生活的美好,分享人际的善意,欣赏自然的美景,歌颂人类面对困境时不屈的抗争。它是指向真的,向往美的,执着于善的。它以真的情感,祈求人际的真情;以善的呼唤,唤醒人心深处沉睡的善意;以美的表达,提升着人类的审美能力。人类对真善美的追求勾勒出人类在历史长河中的智慧与勇气。

正是在这一意义上,中小学生的作品要特别关注思想性与价值取向。作者要努力提高自己区分真和假、鉴别美和丑、分清善和恶的能力,不断提升作品的思想水平。

第二,作品内在的逻辑性。作品尤其是关于历史与哲学的作品观点要自洽,前后不能自相矛盾，不能从个别现象中推出普遍的结论，也不能颠倒原因与结果的关系。由一叶落，从而推出天下秋，从科学研究的意义上来说，只是属于合情推理。合情推理出的结果只是大概能够成立的事件，而非必然会发生的，如果没有其他方式加以说明，这个结果很可能会受到学界的质疑，因而需要十分小心。这也是文史哲评论中要关注的一个方面。

有些作品不讲逻辑，或者以偏概全，或者颠倒因果，拿个别案例得出普遍结论，哗众取宠，这是文风不正的表现，作为学生，需要力戒。

第三，作品表达的艺术性与创新性。作品的艺术性是别人爱看的基础，创新性则是超越别人的表现，有这两条的保证，作品才能在历史发展的长河中留下属于它的一笔。

第四，作品对社会舆论的引导性。对社会舆论的引导性是从作品实际产生的效果来评论作品的。它与作品的思想性、价值指向性紧密相连。价值指向性是从作品中表现出来的，社会舆论的引导性是实际产生的。这是两者最重要的区别。

除此之外，对文史哲作品进行评论，需要我们对评论对象的专业领域有深入的了解。比如，对文学作品的评论，本书推荐了一项课题——《念奴娇·赤壁怀古》与《念奴娇·倦怀无据》的比较研究。一首为宋代词人苏轼的，一首是元代作家朱晞颜的。要求比较作品意境的高下、遣词造句的功底与蕴含的思想情感。

诗词的创作，首先应当懂得平仄的运用，懂得用典，这是基本功。苏轼的《念奴娇·赤壁怀古》，从"大江东去"开始，朱晞颜的《念奴娇·倦怀无据》以"大江依旧东去"结束。同名词牌，比较相对容易，朱晞颜的《念奴娇·倦怀无据》相当不错，但相较苏轼的《念奴娇·赤壁怀古》还是有一段差距。

诗词，在我国文学发展史上有着相当重要的地位，教师不妨拿出一些具有相同词牌的诗词，让学生作比较研究，这对训练学生的文学比较能力很有助益。当然，在有可能的情况下，学生不仅要关注词本身，也要注意对词作者生平的研究。我国南方与北方的语言，尤其是口语，还是有一定差别的，南方的平声，到了北方就有可能发仄声。对此作出区别，在文学评论中很重要。如果学生对古诗词的这些基本要求不了解，或者，对古代我国南方与北方的语言的差别不熟悉就轻易地下结论，难免贻笑大方。

客观地说，中小学生作文史哲评论难度有点大。一般而言，评论者要有高于被评论对象的学术水平，事实上，中小学生很难达到。所以，本节对文史哲作品的评论只作简单介绍，并不打算作更多探讨。

在这里之所以简单介绍,是因为随着自媒体的流行,谁都可以随时发表一些观点。在这个过程中,有些"公知"与网红发表了一些很不负责的言论。有些言论已经触碰了道德的底线,引起包括中小学生在内的社会大众的反感,于是就有可能有人在网上针对性地对此加以批驳。然而,由于缺乏对他人作品评论的知识,批驳只能是情绪化地谩骂,这样反倒给了他们反击的机会。最有力的反驳手段就是专业化地发声,讲事实,说道理。

3 文学、史学与哲学探究评估的指标与量表

3.1 文学与哲学评论评估的指标

(1) 创作(评论)的意识

(2) 创作(评论)过程

(3) 成果报告思维力的体现

(4) 成果的表达

(5) 研究成果的思想性

3.2 文学与哲学评论评估的量表

(1) 创作(评论)的意识

等级	等级描述	关键观察点
A	该生充分理解文学的意义与价值,热爱文学,对文学创作有执着的追求,有较强烈的提升自己审美情趣、表现与创作美的欲望;充分理解文学作品"源于生活,高于生活"的内涵,钟情于对经典作品,尤其是国学的研究。	该生有较强的创作(评论)激情与冲动,能够通过自身的努力,积极创造机会,提升与表达自己的创作才能。
B	该生热爱文学,有一定深度阅读的习惯,但较少参与正式与非正式的文学评论活动。	有深度阅读的习惯,但较少参与文学评论活动。

等级	等级描述	关键观察点
C	该生对文学作品有一定兴趣,不过尚未养成深度阅读的习惯,也很少参与同学间的作品评论活动。	尚未养成深度阅读的习惯,更少参与同学间的作品评论活动。

（2）创作（评论）过程

等级	等级描述	关键观察点
A	该生敏于观察,注重积累,有较强的学习能力,善于将评论的过程看作学习的过程,能从他人作品中吸取养料,不断提高自己在该领域的修养,提升自己发现与创作美的技能与能力。同时,也能从比较中,发现作者在格局、风格与技能等方面的问题。	善于学习,注重积累,在创作与评论过程中能提升自己,也善于在比较中发现作者在格局、风格与技能等方面的问题。
B	该生有一定的学习能力,能够从他人作品中吸取养料,注重提高自己在该领域的修养,从比较中发现作者在格局、风格与技能等方面的问题的意识与能力尚待提高。	善于学习,但从比较中,发现作者在格局、风格与技能等方面的问题的意识与能力尚待提高。
C	该生的创作与文学评论技巧不够娴熟,在该领域较为缺乏积淀。	技巧不够娴熟,在该领域较为缺乏积淀。

（3）成果报告思维力的体现

等级	等级描述	关键观察点
A	该生有较强的辩证思维能力,能充分理解被评论的作品在当时的时代背景,以及在文学上的地位,也能理解作者的经历对作品的影响,或者其局限性所在。	有较强的辩证思维能力,能理解作者的经历对作品的影响,或者其局限性所在。
B	该生有一定的辩证思维能力,但相关评论较少考虑作者的经历对作品的影响,或者其局限性所在。	有关评论较少考虑作者的经历对作品的影响,或者其局限性所在。辩证思维能力有待提高。
C	该生的评论未能理解作品本身,相关评论也有言不及义之嫌。	未能理解作品本身,相关评论也有言不及义之嫌。

（4）成果的表达

等级	等级描述	关键观察点
A	该生的研究报告较好地实现了形式与内容的统一,较好地表现了研究的主要成果,受到同学与老师的高度好评。	形式与内容统一。表现了研究的主要成果,受到同学与老师的高度好评。
B	该生的研究报告的形式与内容有一定的相关性,但在表现手段上有较大提升空间,总体上稍显粗糙。	表现手段上有较大提升空间,总体上稍显粗糙。
C	该生的成果报告的形式与内容相关性不高,有关文字有言不及义之嫌。有一半以上的同学表示未能理解报告的核心思想。	有言不及义之嫌。有一半以上的同学表示未能理解报告的核心思想。

（5）研究成果的思想性

等级	等级描述	关键观察点
A	该生对美丑、是非有正确的认知,能根据社会主流价值观,发表恰当的评论。言之有据,留有余地,拒绝人身攻击。	有正确的是非认知,言之有据,留有余地,拒绝人身攻击。
B	该生对美丑、是非有正确的认知,但缺乏把特定人物与作品放在特定历史时空中评说的理念。	缺乏把特定人物与作品放在特定历史时空中评说的理念。
C	该生对美丑、是非有正确的认知,但有情绪化之嫌。	有情绪化之嫌。

对于文学与艺术创作来说,除了升学考试与日常训练,让学生去做"命题作文"是很不明智的。所以,本平台只是给出了少量参考性的课题,我们期待学生在生活中根据自己的兴趣,迸发出自己的想象力,产生出属于自己的灵感,创作出属于自己的优秀作品。

中学生学习障碍的自我诊断与效能提升研究

学习是中学生的重要任务，相信每个同学都期望自己的课业负担不重，学习效果明显。花点时间研究一下自己的学习心态、学习习惯、学习方法、思维方式与学习效能，对提升自己学习成绩会有很大帮助，且对自己未来的成长也很有裨益。

心理学研究的结果告诉我们，在人群中，超常与低常人总是少数，大多数人都属于智力正常的范围。在正常人中，同样的学习，效果却大不一样。这就和本课题提到的上述因素有关，所以到了中学后，尝试找到自己学习的"问题"，有针对性地加以克服，理清学习思路，掌握科学的学习方法，改善思维品质，这些对于提升自己的学习效能，无疑有很大的帮助，可以使学习事半而功倍。

即使对于一些在学校里成绩很好的所谓的"学霸"而言，他们也会在学习方面存在优势与劣势。劣势就是自己学习的短板，但即便是自己学习方面的优势，也需要理性地对其加以梳理。毛泽东在《实践论》中说："感觉到了的东西，我们不能立刻理解它，只有理解了的东西才能更深刻地感觉它。"理性地梳理自己的优势与劣势就是理解自身的学习过程，它有利于巩固自己的学习优势，补齐自己学习的短板。

对本课题的研究，下面我们给出一个基本框架，同学们可以根据这一框架对自己的学习障碍与效能提升展开自我研究。

1. 准确地界定学习的问题。可以分几个维度展开。

第一个维度是，在中学的十几门课程中，自己薄弱的环节在哪里？是理科还是文科，是数学还是物理？这一问题找起来相对比较容易，在班级或学校里比较一下自己在同学中的相对位置即可。

第二个维度是，在学习过程中，学习心态、学习习惯、学习方法、思维方式都会对学习效能产生影响，在这些因素中，我们究竟在哪些方面存在问题？不同的问题，解决的途径会有很大差异。

第三个维度是，学习环境也会对学习产生很大的影响，包括外在的或内在的等。比如平时交往的朋友都很喜欢手游，不太爱好学习，就是外在的环境。

在查找问题时，学生可能会发现自己不是在一个方面存在一个问题，而是在多个方面存在多个问题。这时，我们的建议是：不要着急，先抓住最主要的问题，重点突破，取得成绩,然后再逐步解决其他问题。

2. 查找问题的根源。对于同一个问题,导致其产生的根源可能有很大差异。比如在学习了一个单元或一个学期后,学生常常感到抓不住重点,头脑中一大堆概念与原理,笔记记了一大叠,题目做了一大摞。但是,碰到新的题型还是束手无策。这一问题的根源在哪? 研究表明,问题可能的根源在以下几个方面。

第一,在前期的学习中存在一定的知识遗漏。学习是一个循序渐进的过程,前期学习的缺失,在很大程度上会影响后续的学习;人们不能假定考入高中的学生对初中的知识都已经有了精准的理解。高中生对初中阶段各门学科的有些知识没掌握或掌握得不够充分,这是常有的事。因而,学生需要有一个"定位性评价",并根据这一结果来确定自己的学习起点,同时补齐必备的各学科的知识。

第二,对所学的概念与原理一知半解,似懂非懂。对概念与原理一知半解就会张冠李戴,在运用中必然出错。所以深刻理解概念与原理,而不是机械记住概念与原理就很重要。

第三,太多的刷题与课外补习,以致没有时间思考学科间概念的内在逻辑与外部关系。长期以来,不少学校为了追求学生的所谓发展,总是想用更多的时间、更多的作业、更频繁的测试来占据学生所有的时间和精力。学生大脑里装满了看起来都是对考试"有用"的知识与解题技巧。在不少学生的时间安排表中,没有思考的时间。

应当说,作业很重要,它所承载的试题更是教育目标的表达形式之一,适当适量的作业是保障教学质量的重要举措,然而,过量的刷题在大概率上是低效、无效,甚至是损害身心健康的。所以,要学会给自己留出思考的时间,学会"看透"试题。学生不仅要懂得所学学科的概念与原理,更要懂得这些概念与原理之间的关系,"看透"所学的这门学科以及这门学科与其他学科内在的与外在的关系,这是从容地解决所学学科任何问题的基础,是提质减负的保障。

在一个单元、一个学期或一个学年结束后,学生要舍得花一点时间认真梳理一段时间里所学各科的概念、原理及其相互关系,这比花钱补课,学一些解题技巧更有意义,对自己成绩的提升更有帮助。

3. 寻求解决问题的方法与途径。根据找到的问题的根源,设计解决问题的方案。对学习上存在的问题,人们最容易犯的错误是"头痛医头,脚痛医脚",其实这就是所谓的"治标不治本",很难获得效果。解决问题方案的设计,要针对存在的问题的根源。

事实上,对于大多数中学课程来说,每门学科的知识点还是很明确的。据统计,高中数学的知识点有260个左右。学生可以在充分理解的基础上，约上一些志同道合的同学一起尝试按照这些知识点的内在逻辑，动手做一张属于自己的知识图谱，把500—600页的教材概括为5—6页，那是很有价值的。

知识图谱要标明概念、原理之间的相互关系，能解决哪类问题，又有哪些变式，可能被用在哪类试题中。比如，在初中，一元二次方程的求根公式 $x = \dfrac{-b \pm \sqrt{b^2 - 4ac}}{2a}$，它可以用来求根，也可以变化为在给定实数范围内求待定系数，解决方程的最值问题等。格局更大一点的学生，不妨把自己假定为命题教师，设想一下：如果让我来命题，在这些知识点上可以出什么题。这对提升学生的学习效能会有很大帮助。

解决一个问题可以有多种方法，一个方法也可以解决多个问题。对于拿到未见过的新题型就犯晕的同学来说，多做一些发散性思维的训练题，可能就很有价值。比如，在学习算术时，求 $19 + 22$ 的值，用竖式计算的话，人们很容易求得其结果。但求得这一结果并不等于解决问题的结束。作为训练思维的一种方式：我们还可以把它变化成 $20 - 1 + 22$，或者 $19 + 20 + 2$。这种一题多解的训练其实也是发散性思维的训练。

对于感到自己思维能力不高的学生，有计划地读一些哲学专著，不管是对理解数理化还是提高作文写作都有很大帮助。在高中的思想政治课中，"真理是具体的、是有条件的、是相对的"，"世界是物质的，能量是守恒的"，千万别把这些当成教条，其实它对我们思考与解决很多问题都提供了重要的思路。

在这一阶段，学生最好要形成一份书面的文字材料，时刻提醒自己，针对问题，持之以恒，逐步改进。

4. 把认知转化为行为。认识到了问题的存在，明确了问题的根源，形成了改进的方案，这并不等于问题就解决了，后续还需要把认知转化为行为。学生需要在持续改进的过程中不断提升自己的学习效能。

5. 学习效能提升活动进展评估。定期评估自己的学习效能是一项必不可少的重要工作。如果在自我诊断的基础上，我们预想的学习效能提升活动在落实后效果不佳，原因无非就这么几条：问题的根源没有找准、解决问题的方法与途径选择不当，以及执行不够到位。这时学生就需要回到前面几步，重新查找原因、审视改进工作的方案与强化推进工作的力度。

只有当改进工作取得了令人满意的效果，我们才能进入下一步。

6. 巩固活动的成果，尝试解决其他问题。

本课题的研究对于学生来说是很有价值的。知人者聪，知己者明。中学生在学校的学习主要集中在了解自然与社会上，而对自身的了解相对较少。本课题旨在帮助学生了解自己，对自身发展的优势与劣势有较为清楚的认知。

本课题从学生的最基本任务入手，使学生能最快地找到认知自我的途径。这既对提升他们的学习效能有较大帮助，也能使他们掌握一种分析自身行为的框架。以后他们走上社会，从事各种岗位的工作时，能结合岗位对自身能力的需要与自己可能存在的不足作合理的分析，提高工作成效。

我的兴趣和我的未来

兴，繁体字为"興"，意为手捧着的器具；趣，显然就是走着去取。兴趣是驱动人们从事某项活动的动力。

未来，表示从"未"走向"来"。"来"比"未"左右各多了一点。这两点究竟是什么，这就是自己的志向，它和自己的兴趣有关，也决定着自己将来的人生。有人希望这两点是"财富"与"权力"，在这种兴趣的指引下，人会形成一种人生；也有人期待这两点是"智慧"与"人格"，这又会是另一种人生。兴趣既是天生的，也是后天可以培养的。兴趣在很大程度上决定了你的未来，你确定的未来发展目标又会影响你的兴趣。这两者相互作用，再加上环境的影响，这三者决定了一个人的人生。

请以"我的兴趣和我的未来"为主题，写一篇论文。题目自定，要求小学高年级学生字数在500—800字，初中学生字数在1000—1500字，高中学生字数在1500—2000字。

人以群分，物以类聚

《易经·系辞(上)》里有句话："方以类聚，物以群分。"说的是，同类的东西聚在一起，人按照其品行、爱好而形成团体。

当然，在校学习时同学之间一定要相互帮助，但在社会上交友时必须慎之又慎。在我们身边，由于交友不慎而误入歧途的故事时有耳闻。

请以"尊重他人"与"谨慎交友"为主题，写一篇论文，讲清两者的关系。题目自定，要求小学高年级学生字数在500—800字，初中学生字数在1000—1500字，高中学生字数在1500—2000字。

《念奴娇·赤壁怀古》与《念奴娇·倦怀无据》的比较研究

在中国古典文学中,诗词占有重要地位。鉴赏诗词的能力应当是学生分析与评价能力的重要方面。为此,学生应当能在充分理解这两首诗词的基础上,鉴别它们意境的高下、遣词造句的功底与蕴含的思想情感,逐步提升欣赏文学之美的能力。

宋代词人苏轼的《念奴娇·赤壁怀古》原文为:

大江东去,浪淘尽,千古风流人物。故垒西边,人道是,三国周郎赤壁。乱石穿空,惊涛拍岸,卷起千堆雪。江山如画,一时多少豪杰。

遥想公瑾当年,小乔初嫁了,雄姿英发。羽扇纶巾,谈笑间,樯橹灰飞烟灭。故国神游,多情应笑我,早生华发。人生如梦,一尊还酹江月。

元代作家朱唏颜的《念奴娇·倦怀无据》原文为:

倦怀无据。凭危阑极目,寒江斜注。吴楚风烟遥入望,独识登临真趣。晚日帆樯,秋风钟梵,倚遍楼东柱。兴来携手,与君更上高处。

隐约一水中分,金鳌戴甲,力与蛟龙拒。拟访临幕清夜鹤,谁解坡仙神遇。断壁悬秋,惊涛溯月,总是无声句。胜游如扫,大江依旧东去。

本课题研究要求学生学会比较与鉴别。宋代词人苏轼的《念奴娇·赤壁怀古》与元代作家朱唏颜的《念奴娇·倦怀无据》看似风格相近,但在我国古诗词中的地位有着很大差别。请结合词人的身世与经历,对比两词在用典、遣词造句、意境与格局方面的差异。

本课题鼓励学生结合他们生平所创造的其他作品,阐明自己的认识,并完成比较研究报告。

我国古代数学成就研究

我国有着悠久的历史,创造了光辉灿烂的文化,对人类发展作出了巨大贡献。其中我国古代的数学家对算术与几何领域也有不可磨灭的贡献。中国古代的许多数学家在这些领域有过许多重要的发现,也写下了不少数学名著。

最初,这些成果主要以竹简等形式呈现,后来随着印刷术的发展,开始出现印刷本的数学书籍,概述如下。

（1）洛书，其作者已不可考，于是就有了民间传说。相传四千多年前大禹治水时①，洛水中出现了一只"神龟"，龟背上有一幅美妙的图案，人称"洛书"。后来，人们将洛书中的符码翻译成数字，惊奇地发现图案的每行、每列及每条对角线上的所有数字之和都相等，这就是我们现在所说的 3 阶幻方。

从洛书发端，幻方在后续的数千年里，已经成了具有永恒魅力的数学问题，成为现代数学的重要组成部分——组合数学的研究课题之一。1975 年上海人民出版社出版的《自然科学大事年表》对幻方作了特别的述说："公元前一世纪，《大戴礼》记载，中国古代有象征吉祥的河图洛书纵横图，即为'九宫算'，被认为是现代'组合数学'最古老的发现。"河图洛书是组合数学研究的源头，这在国际学术界已经得到公认。

1977 年，4 阶幻方作为人类的特殊语言被美国旅行者 1 号、2 号飞船携入太空，向广袤的宇宙中可能存在的外星人传达人类的文明信息与美好祝愿。

近来人们发现，幻方也为"元宇宙"提供了"数字孪生技术"的数学基础。

（2）《算数书》，是我国目前科学考古发现的年代最早的数学著作，在 1983 年 12 月到 1984 年 1 月期间，由我国考古工作者在湖北江陵（今荆州市荆州区）张家山 247 号汉墓（公元前 187 年—公元前 157 年）中发现。《算数书》是一部数学问题集，现存 69 个标题，92 个完整的算题，所有的算题由例题、答案、解题方法三部分组成，约 7 000 多字。因其中一支竹简背面刻有"算数书"三字而得名。经考证，《算数书》约成书于公元前 2 世纪或更早时间，比此前一直被公认为中国最早的数学著作《周髀算经》和《九章算术》还要早一个世纪左右。2008 年《算数书》入选"国家珍贵古籍名录"，现藏荆州市博物馆。

图 7.1　张家山汉简《算数书》

其内容可归纳成算术和几何两大类：算术部分记载和论述了世界上最早的整数四则运算、各种比例问题、盈不足算法、正负数运算以及分数的性质；几何部分有体积问题与面积问题的求解和计算公式，其中涉及面积的有 9 题，涉及体积的有 6 题。

---

① 1996 年 5 月，国家"九五"重点科技攻关项目"夏商周断代工程"正式启动。该工程通过对历史文献的研究，对历史文化遗址的发掘，对甲骨文等古文字的鉴定以及对古天文学记录的整理，于 2000 年 9 月发表了《夏商周年表》。据该年表推算，夏约起源于公元前 2070 年，距今约 4 100 年。

（3）《周髀算经》，我国现存最早的一部数学与天文著作，著者已不可考。全书分上、下两卷。成书于约西汉末东汉初，不晚于公元前1世纪。现传本经后汉赵君卿①、北朝甄鸾②、唐李淳风③等许多数学家注释。书中载有周人用测日影的表在周的都城进行观测之事，故而得名"周髀"，"算经"二字则是后人所加。该书上卷第一部分介绍了勾股定理和地面上的勾股测量以及表、圆和方的使用。第二部分讲述了学算的道理和用勾股定理测量天体的方法。下卷载列与太阳的周年运动有关的计算，并讨论了利用对日出日落的观察来确定子午线的办法。最早介绍了勾股定理及其实际应用，使用了相当复杂的分数计算和开平方法，并详尽描述了我国古代测量岁时的长度、二十四节气、天文南北线、太阳半径、北极四游、二十八宿距离的方法。该书的南宋刊本现藏上海图书馆。

（4）《九章算术》，因年代久远已不可考。不过从有关文献可知，西汉早期的著名数学家张苍（公元前201年—公元前152年）、耿寿昌（生卒年不详）等人都曾经对它进行过增订删补。《九章算术》与《算数书》在内容上有很大的相关性，据此可以认为，《九章算术》是对《算数书》的继承，并经多次修改逐渐形成。《九章算术》全书共分九章，一共收集了246个数学问题，连同每个问题的解法，分为九大类，每类一章。

从数学成就上看，《九章算术》中最重要的成就是在代数方面，书中记载了开平方和开立方的方法，并且在这个基础上有了求解一般一元二次方程，以及联立一次方程的数值解法。该书还在世界数学史上第一次记载了负数概念和正负数的加减法运算法则。

作为一部世界科学名著，《九章算术》现已经被译成许多种文字出版。北京图书馆、上海图书馆、北京大学图书馆藏有传世南宋本《周髀算经》、《九章算术》等五种数学书籍。

（5）《海岛算经》，三国时期刘徽（约225—约295）所著。该书主要论述利用标杆进行两次、三次甚至四次测量来解决各种数学问题。这些测量数学，正是中国古代非常先进的地图学的数学基础。此外，刘徽对《九章算术》所作的注释工作也是很有名的。一般地说，可以把这些注释看成是《九章算术》中若干算法的数学证明。刘徽注中的

---

① 赵君卿，东汉末至三国时代人，约生活于公元3世纪初，东吴人。
② 甄鸾，字叔遵（535—566），无极（今河北省无极县）人，北周数学家，官司隶校尉、汉中太守。
③ 李淳风（602—670），岐山雍人（今陕西宝鸡），唐初为官48年。世界上第一个给风力定级的人。

"割圆术"开创了中国古代圆周率计算方面的重要方法,首次引进了极限的理念,并将其应用于解决数学问题。

（6）《孙子算经》,成书大约在四五世纪,作者生平和编写年不详。传本的《孙子算经》共三卷。《孙子算经》以"物不知数"为引子,讨论了同余解法问题。这与《张丘建算经》的"百鸡问题"所涉及的解不定方程等都比较著名。而《缉古算经》中的三次方程解法,特别是其中所讲述的用几何方法列三次方程的方法,也是很具特色的。

（7）《缀术》,为南北朝时期著名数学家祖冲之所著,但在唐宋之际公元 10 世纪前后失传。祖冲之关于圆周率的计算准确到小数点后第七位,求得圆周率值在 3.141 592 6 和 3.141 592 7 之间。他还用分数表示圆周率值,以 22/7 为约率,以 355/113 为密率,后者也准确到小数点后第七位。就分子分母不超过百位数的分数而言,这是圆周率值的最佳近似分数,记载在《隋书·律历志》中。

（8）《五曹算经》,是一部为地方行政人员所写的应用算术书,作者不详。有人认为其作者可能是甄鸾,全书分为田曹、兵曹、集曹、仓曹、金曹等五个项目,所以称为"五曹"算经。所讲问题的解法都浅显易懂,数字计算都尽可能地避免分数。全书共收 67 个问题。它的著者和年代都没有记载。欧阳修《新唐书》卷五十九《艺文志》中有"甄鸾《五曹算经》"五卷,其他各书也有类似的记载。

（9）《五经算术》,北周甄鸾所著,共二卷。书中对《易经》《诗经》《尚书》《周礼》《仪礼》《礼记》《论语》《左传》等儒家经典及其古注中与数字有关的地方详加注释,对研究经学的人或可有一定的帮助,但就数学的内容而论,其价值有限。现传本亦系抄自《永乐大典》。

（10）《夏侯阳算经》,卷数不详,成书约在 4 世纪至 5 世纪中叶。现传本共三卷,成书在 8 世纪以后,原作在唐初为国子监算学科钦定教科书,列入"十部算经"。现传本中共含 83 个问题,大多为当时社会生活中各方面的计算问题,如"方仓""两税米"和"两税钱"等。其中一部分算题与《孙子算经》的类似。由于例题结合了实际,该书对普及数学知识和计算技能起一定的作用。现传最好版本为明代藏书家汲古阁毛氏

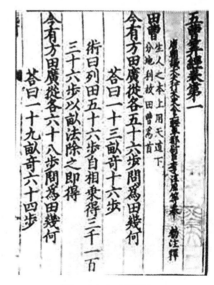

图 7.2 《五曹算经》

的影宋抄本，现藏北京故宫博物院。

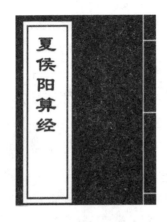

图 7.3 《夏侯阳算经》

緝古算經一卷唐太史丞王孝通撰并注其上表稱
伏尋九章商功篇有平地役功受袤之術至於上寬
下狹前高後卑正經之內闕而不論遂於平地之餘
續狹邪之法云云凡高臺羨道築隄穿河等二十術
皆以從立方開之西法詳句股開方而無帶從同文
算指有帶從平方而無立方梅定九補帶從立方三
術稱爲至密實未見此書也且梅氏所舉皆正體立
方猶易布筭此則斜袤廣狹製截附帶以法御之無
不曲中可謂思極豪芒妙入無間者矣今以其術考
之立法之要在求小數以各差加小數而得大數蓋

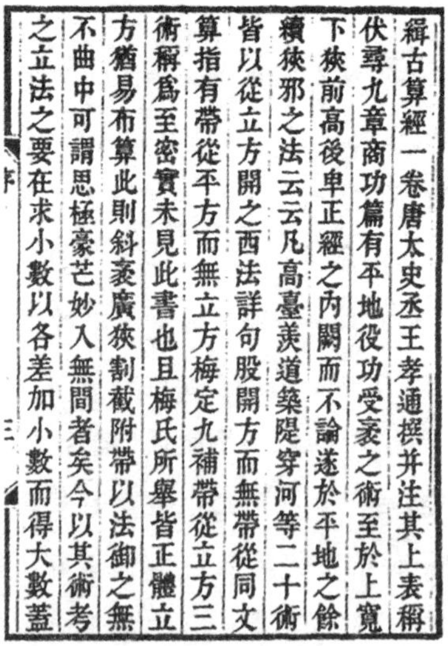

图 7.4 《缉古算经》

（11）《数术记遗》，徐岳（？—220）著。《数术记遗》以与刘洪问答的形式，介绍了14种计算方法，“未满百言，而骨削质奥，思纬淹通，依然东京风骨”。在这部书中，徐岳在中国也是在世界历史上第一次记载了算盘的样式，并第一次以珠算定名，在世界珠算史上写下了光辉的一页。其中著录了14种古算法。第一种叫“积算”，就是当时通用的筹算。还有太乙算、两仪算、三才算、五行算、八卦算、九宫算、运筹算、了知算、成数算、把头算、龟算、珠算、计数。

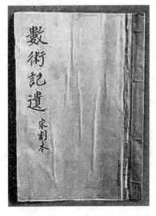

图 7.5 《数术记遗》

《数术记遗》对心算也作了一定的研究：“既舍数术，宜从心计。”注中说：“言舍数术者，谓不用算筹，当以意计之。”这说明计算时不用珠、筹、针等工具，只用心算完成。

（12）《张丘建算经》，成书时间约公元5世纪，现传本有92个问题，比较突出的成就有最大公约数与最小公倍数的计算，各种等差数列问题的解决，某些不定方程问题的求解等。

卷上叙述筹算记数的纵横相间制度和筹算乘除法，卷中举例说明筹算分数算法和筹算开平方法，卷下第31题可谓是后世“鸡兔同笼”题的始祖。

（13）《缉古算经》，唐代王孝通著。该书是唐代立于学官的十部算经中唯一一部由唐代学者撰写的作品。王孝通主要活动于公元 6 世纪末和公元 7 世纪初。他出身于平民，少年时期便开始潜心钻研数学，隋朝时以历算入仕，入唐后被留用，唐朝初年做过算学博士（亦称算历博士），后升任通直郎、太史丞。毕生从事数学和天文工作。

《缉古算经》涉及立体体积计算、勾股计算、建立和求解三次方程、建立和求解双二次方程（一种特殊形式的四次方程）等内容，尤其是该书关于三次方程的解法，集中体现了中国古代数学家在这一领域所取得的重要成就。

王孝通所著《缉古算术》，被用作国子监算学馆数学教材，并被奉为数学经典，故后人称其为《缉古算经》。全书一卷（新旧《唐书》称四卷，但由于一卷的题数与王孝通自述相符，因此可能在卷次分法上有所不同）共二十题。第一题为推求月球赤纬度数，属于天文历法方面的计算问题，第二题至十四题是修造观象台、修筑堤坝、开挖沟渠，以及建造仓廪和地窖等土木与水利工程的施工计算问题，第十五至二十题是勾股问题。这些问题反映了当时开凿运河、修筑长城和大规模城市建设等土木与水利工程施工计算的实际需要。

（14）《杨辉算法》，13 世纪我国南宋数学家杨辉先后完成了《续古摘奇算法》《乘除通变本末》《田亩比类乘除捷法》三本书。由于这三本书影响巨大，故后人将其统称为《杨辉算法》。《杨辉算法》是世界上第一部呈现"百子"以上纵横图，并讨论其构成规律的数学专著。

杨辉对纵横图的研究开创了"递归"与"余数幻方"的先河。此外，刊载于七百多年前的《详解九章算法》（公元 1261 年）中的杨辉三角形更是蕴含着众多数学思想的文化瑰宝。由姚高华翻译、李千蔚校对的《你可能不知道隐藏在杨辉三角形中的 10 个秘密！》很值得一读。

（15）《四元玉鉴》，是元代杰出数学家朱世杰的代表作，其中的成果被视为中国筹算系统发展的顶峰。《四元玉鉴》是一部成就辉煌的数学名著，受到近代数学史研究者的高度评价，被认为是中国数学著作中最重要的一部，同时也是中世纪杰出的数学著作之一。

（16）《数书九章》，秦九韶著（公元 1247 年）。《数书九章》是对《九章算术》的继承和发展，它概括了宋元时期中国传统数学的主要成就，标志着中国古代数学的高峰。它还是抄本时就先后被收入《永乐大典》和《四库全书》。1842 年第一次印刷后即在中国民间广泛流传。

秦九韶所创造的正负开方术和大衍求一术长期以来影响着中国数学的研究方向。焦循、李锐、张敦仁、骆腾凤、时日醇、黄宗宪等数学家的著述都是在《数书九章》的直接或间接影响下完成的。秦九韶的成就也代表了中世纪世界数学发展的主流与最高水平,在世界数学史上占有崇高的地位。

从汉唐时期到宋元时期,历代都有著名算书出现:或是用中国传统的方法给已有的算书作注解,在注解过程中提出自己新的算法;或是另写新书,创新说,立新意。这些流传下来的古算书中凝聚着历代数学家的劳动成果,它们是历代数学家共同留下来的宝贵遗产。

宋元以后,明清时期也有很多算书。例如,明代就有著名的算书《算法统宗》。这是一部风行一时的讲珠算盘的书。入清之后,虽然也有不少算书,但是像《算经十书》、"宋元算书"所包含的那样重大的成就便不多见了。特别是在明末清初以后的许多算书中,有不少是介绍西方数学的。这反映了在西方资本主义发展进入近代科学时期以后,中国数学逐渐融合到世界数学发展总的潮流中去的一个过程。

辽宁教育出版社(1998年)与中华书局(2021年)分别出版了由郭书春、刘钝点校和钱宝琮点校整理的《算经十书》。《算经十书》系我国古代具有代表性的十部数学典籍,这十部典籍分别是《周髀算经》《九章算术》《海岛算经》《孙子算经》《张邱建算经》《五曹算经》《五经算术》《缉古算经》《缀术》《夏侯阳算经》。

本研究对增强学生对中华民族文化的自信有重要意义,在研究过程中,学生对数学的理解也能得到同步的加深。尤其是我国古代先贤对高次方程、余数问题的研究成果卓著,理解其问题的提出与解决问题的思路,对提升学生的创新意识与能力有重要意义。

本课事实上是对我国古代数学史的研究,建议学校组建多个课题组,以团队合作的方式进行,每组对一个专题或上述一本著作进行深入研究,在各自研究成果的基础上再汇总出版研究总报告。

有条件的学校,可以将学生的研究成果布置成展览室,或在教学楼的走廊中展示,建立属于自己学校的"我国古代数学成就"展室或展廊。

在研究过程中,研究者需特别注意的是:

(1)以历史唯物主义的眼光看待我国古代数学研究的成果,充分肯定相关成果在世界数学发展中的地位,树立中华民族的文化自信。

（2）史学研究要遵循"论从史出"的原则,即以历史事实为依据,从历史事实中得出结论。罔顾事实,随意得出结论,这不是史学研究的科学态度,尤其在科学史的研究方面更忌如此。

（3）我国数学成就都以古汉语的形式出现,因而对古汉语的理解能力就成了本研究的重要基础。这是期望加入该研究团队的学生必须考虑的问题。

参考文献

1. 算经十书.郭书春,刘钝,校点.沈阳:辽宁教育出版社,1998.
2. 算经十书.钱宝琮,校点.北京:中华书局,2021.
3. 姚高华,李千蔚.你可能不知道隐藏在杨辉三角形中的 10 个秘密![EB/OL].(2020 - 06 - 12)[2023 - 09 - 22]. https://baijiahao. baidu. com/s? id = 1669276836055623432&wfr = spider&for=pc.
4. "中国古代数学有多厉害? 领先欧洲一千多年,很多人却早已遗忘",参见 https://baijiahao. baidu. com/s?id=1659783264282018634&wfr=spider&for=pc。

郑和下西洋与哥伦布发现"新大陆"的比较研究

明代永乐、宣德年间,郑和下西洋(1405—1433 年)是郑和担任正使先后七次率领船队进行的海上远航活动。从南京下关宝船厂出发,郑和七次率庞大的舰队沿江、浙、闽、粤海岸南下复西行,最远到达非洲东岸肯尼亚的蒙巴萨,访问了亚非沿岸三十多个国家和地区。1433 年(宣德八年),他在归途中客死古里(今印度南部西海岸之科泽科德)。郑和下西洋的船队一般每次达 260 余只,人员 2.7 万多。宝船载重量估计为 1500 吨,长 138 米,最大的相当于一个足球场。

郑和下西洋恢复了明王朝对南洋诸岛的管辖,命名了景弘岛、永乐群岛等。大明船队访问了南亚的占城、爪哇等地区,目前已知最远到达东非、红海,加深了大明王朝在海外的影响。郑和下西洋是中国古代规模最大、船只和海员最多、时间最久的海上航行,也是 15 世纪末欧洲的地理大发现的航行以前世界历史上规模最大的一系列海上探险。

在郑和下西洋后,西方的西班牙国王斐迪南于公元 1492 年资助、派遣哥伦布率船三艘,船员 87 人(一说 90 人),从巴斯港起航,横渡大西洋,到达美洲巴哈马群岛、古巴、海地等岛,后又三次西航,到达南美洲沿岸,开通欧美航线,给欧洲人奔赴美洲开了道路。新航路开辟后,西方列强走上了殖民扩张和殖民掠夺的道路。"三角贸易"与

"黑奴贩卖"也日益猖獗。

"郑和下西洋与哥伦布发现'新大陆'的比较研究"近年来已经成为学界研究的一个热门话题。不同学者从不同角度对其展开了研究,也取得了一定的成果。但鲜少有人从世界文明发展的角度研究"郑和下西洋与哥伦布发现'新大陆'"的不同出发点及其对后世政治与经济的影响。深入地对这一课题进行探讨,会极大地帮助学生对世界史与世界地理的理解。

本课题要求:紧密结合世界史与世界地理的课程学习,联系"三角贸易"与奴隶贩卖等专题学习,找到在人类历史上重大事件背后的本质。最后以研究报告的形式发布研究成果。

参考文献

1. "义县发现《天房国志》,记录郑和下西洋盛况——郑和第三次下西洋就已到达麦加城",参见 http://epaper.lnd.com.cn/lnrbepaper/pad/con/201811/11/content_6612.html。
2. 张桂林. 郑和下西洋与福建历史文化的关系[J]. 福建师范大学学报(哲学社会科学版),1995 (04):94—100+114.
3. 中国通史的第四十七章"明朝的盛衰",参见:http://www.guoxue123.com/new/0001/zgts/ 050.htm。
4. 万明. 明太祖"共享太平之福"的外交理念与实践[J]. 人民论坛,2017(10):142—144.
5. 郑宁. "不征之国"与明初国际秩序的构建[J]. 延边大学学报(社会科学版),2016,49(05): 62—69.
6. 范金民. 郑和下西洋动因初探[J]. 南京大学学报(哲学·人文科学·社会科学),1984(04): 129—135.
7. 何平立,沈瑞英. 中国现代海权战略的先驱——郑和下西洋的时代精神与现实意义[J]. 人民论坛·学术前沿,2014(05):68—73+85.

眼见一定为实吗——关于现象与本质的探讨

如果我们从高处把体积相同的一块铁与一团棉花同时扔下,这时人们将看到铁块迅速地到达地面,而棉花则要比其慢得多。无疑,这时我们可以说:"我亲眼见证了物体下落的速度依其质量不同而不同。"这就是古希腊伟大的哲学家亚里士多德得到的结论。亚里士多德曾提出物体的下落速度和物体的重量成正比。这一观点在他以后的近两千年里都被视为"真理"。

图 7.6　古希腊哲学家亚里士多德　　　图 7.7　科学革命的先驱伽利略

　　然而,这一"真理"在 1598 年却被科学革命的先驱伽利略的"自由落体运动"实验证伪了。自由落体运动实验的结论为:在空气阻力忽略不计的情况下,物体的自由落体的速度与物体的重量没有关系。

　　这一在物理学历史上延续了近两千年的故事,其实很好地诠释了马克思主义关于事物的现象与本质之间的关系的学说。马克思主义认为,任何事物都有本质和现象两个方面。世界上不存在不表现为现象的本质,也没有离开本质而存在的现象。现象是事物本质的外部表现,是局部的、个别的、丰富的、多变的、表面的东西,用感官即能感知。假象从否定方面表现事物的本质,给人一种与事物完全相反的印象,掩盖着本质。不同的现象可以具有共同的本质,同一本质可以表现为千差万别的现象。本质是事物的根本特征,是同类现象中一般的或共同的东西。认识是由现象到本质的深化过程。一方面,事物的本质存在于现象之中,离开事物的现象就无法认识事物的本质,事物的现象和本质的统一提供了科学认识的可能性。

　　现象是我们认识事物的开始,在大量观察材料的基础上,人们可能就某一问题形成一定的观点,在数学家那里,这叫做"猜想"。在数学史上不少数学家提出过很多猜想,有的在以后被证明了,有的则被证伪了,还有很多至今仍未得到证明或证伪的。

　　由观察得到的猜想,在物理、化学、生物等科学家那里被提炼为"假设"。一般而言,这些"假设"基于一定的事实,所以我们把它们称为"合情推理"。不过,它们还没有经过严格验证,很可能是错误的。欧洲人在发现澳洲之前,一直认为天鹅全都是白色的。然而,在到了澳洲之后,他们发现竟然还有黑色羽毛的天鹅,就是这一只黑天鹅,让欧洲人上千年的结论彻底被推翻。于是今天我们把一些小概率事件称为"黑天鹅"事件。其实，在社会生活中，"黑天鹅"事件发生的概率还是较大的。在物理、天文、化学、生物等学科发展史上出现过的如天文学上的"地心说"、化学中的"燃素说"先后被推翻，就充分说明科学实验的重要性。这些假设或假说，只有通过实验才能得到证明或证伪，才能为人们所接受，且实验结果是可检验、可重复的。

当然，从对现象的认识到对事物本质的把握需要一个过程，这一过程是人类认识不断深化的过程。这里涉及偶然性与必然性、个别性与普遍性、有限与无限等哲学关系问题。

需要说明的是，人类的认识能力总是有限的。数学、物理等学科中，往往会有一些"公设"或"公理"，这些"公设"或"公理"被认为不证自明的，它们作为这一学科的逻辑起点而存在，虽然简单，但往往是最难的，甚至是无法证明的。比如，在初中数学中的平行线公理：两条平行线永不相交。这个公理别说在初中，就是在今天的数学界也没人能够证明，当然，也没人能够证伪。被人们称为"几何之父"的古希腊数学家欧几里得，在其名著《几何原本》中提出了五大公设。其中的第五条公设，就是今天我们在初中就熟知的"平行线公设"。

在本书第四章中，我们提到：在欧几里得去世2000多年后，一位俄罗斯天才数学家尼古拉斯·伊万诺维奇·罗巴切夫斯基对此公开进行了质疑。在这之后，德国著名的数学家黎曼（Georg Friedrich Bernhard Riemann，1826—1866）也尝试对"平行线公设"进行证明，结果他既没有证明也无法证伪该公设的成立，于是他另起炉灶，提出了新的公设——任何两条直线都有公共交点，并以此为基础，开创了黎曼几何。黎曼几何为后来爱因斯坦的广义相对论提供了数学基础。

本课题旨在提升学生理论思维的能力，让学生结合初高中阶段所学习的各门学科，加深理解事物的现象与本质的关系，并在这一过程中，理解科学研究的一般程序。

这一研究的另一个特殊意义是，学生在研究课题的过程中初步掌握了"理想实验"的概念与方法。

结合自己的生活实际与所学的物理、化学、生物等学科，揭示一些人们常被表象迷惑的现象，深刻理解现象与本质之间的关系。

图7.8 德国著名数学家黎曼

生活中不是缺少美,而是缺少一双发现美的眼睛。

——罗丹
（Auguste Rodin, 1840—1917）

第八章
艺术探究活动的组织与指导

艺术是用形象来反映现实，表达内心的喜怒哀乐，以及人们对美的追求，对丑的鞭挞的社会活动。一般认为艺术属于意识形态的范畴，包括音乐、舞蹈、绘画、摄影、建筑、戏剧、电影与乐器演奏等。它与文学有着紧密的联系，有时被人们统称为文学艺术。艺术具有审美性、形式性、礼仪性与技术性的特征，美妙的艺术能给受众带来快感与来自心灵深处的愉悦。

艺术创作属于精神性的创造活动，它源于生活，在社会生活中吸取艺术创作的养分，但又高于生活，以典型的方式反映着人们对美好生活与美好事物的向往。

艺术教育关注的是学生审美情趣与创造美的能力的提升，帮助学生练就一双善于发现美的眼睛；提升他们用艺术作品创造美的能力，让心更灵、手更巧。

世界是按照美的规律运行的。中小学生都有着对某种艺术形式的喜爱。提升"审美情趣"与"创造美的能力"，是他们共同的愿望。

俗话说："内行看门道，外行看热闹。"艺术包含的种类繁多，各种艺术形式都对创作者或表演者有独特的素养与技巧等方面的要求。掌握这些素养与技巧已经超出了笔者的能力。为此，本章从艺术教育的角度，对非专业艺术院校师生从事艺术创作与表演的探索活动作些讨论。

1 艺术与创新人才的培养

1.1 美学与美育

早在 1850 年,德国著名的哲学家鲍姆嘉通(Alexander Gottlieb Baumgarten, 1714—1762)就提出,"美学就是感性认知的完善"。这就是说,美是感性的,是人通过自己的感觉而发生的一系列心理变化。鲍姆嘉通认为人的心理活动分知、情、意三方面。研究知或人的理性认识的有逻辑学。当然,这一观点由于受到时代的限制,过于狭义了。形式逻辑学追求的是形式的真与知,辩证逻辑学追求的是内容之间自洽的真与知,而科学追求的是世间万物本质的真与知。鲍姆嘉通还认为,研究人的意志的有伦理学,而研究人的情感即相当于人的感性认识的则应有"Aesthetic","Aesthetic"原为希腊文,意思是"感性学",后来翻译成汉语就成了"美学"。1750 年鲍姆嘉通正式用"Aesthetic"来称呼他研究人的感性认识的一部专著。这部著作建立了美学的基本框架,此后一直被当作历史上的第一部美学专著。所以,人们称鲍姆嘉通为"美学之父"。

应当说,鲍姆嘉通的观点对今天的学校教育仍然有着启示意义。学校作为全面提升人的精神品质的场所,理所应当提升学生对真善美的追求。然而,在科学主义盛行的年代,人们只注重对真的追求,在学校的各门学科与日常教育教学活动当中,人们对科学知识给予了充分关注,但对"美与善"这一主题似乎缺乏应有的重视。我国各级各类学校也不同程度地存在着这一问题,现在已经到了必须解决这一问题的时候。

学校应当是最美的世界,是世界上最美的地方。学校之美大体上有两种类型:存在于客观世界的现实之美和艺术之美。什么是现实之美呢? 现实之美包含着自然之美、科学之美和社会之美,它是存在于客观世界之中的。按照鲍姆嘉通的观点,只有当这种现实之美被人感受到的时候,才是真实存在的美。

自然之美包括山川美、河流美、森林植被花草之美。泰山非常雄伟,所以到了泰山之巅,人们就有"会当凌绝顶,一览众山小"的感受;桂林溶洞充满了奇特的各种景象;黄山之秀给人深刻的印象等,这些就是自然之美。

其实,科学世界也充满着美,不管是物理世界、化学世界、生物世界还是数学世界,都充满着美、充满着美感。科学之美,包含着黄金分割定律,包含着和谐、对称、守恒等特征。著名物理学家费曼(Richard P. Feynman, 1918—1988)著有《物理之美》一书,他曾经在一次采访中讲到这么一个故事:"我有一个朋友,他是个艺术家,他有些观点我真是不敢苟同。他会拿起一朵花,说道:'看,这花多美啊!'是啊,花很美,我也会这么想。他接着会说:'你看,作为一个艺术家,我会欣赏它的美;而你是个科学家,只会职业性地去层层剖析这朵花,那就无趣了。'我觉得他在胡扯。首先,我相信,他发现花很美,其他人和我也能看到,不过,我可能没有他那样精妙的审美感受,但是毋庸置疑,我懂得欣赏花的美。而同时我还能看到更多的东西:我会想象花朵里面的细胞,细胞体内复杂的反应也是一种美感。我的意思是:美不尽然在这方寸之间,美也存在于更小的微观世界,这朵花的内部构造也很美。"

诺贝尔物理学奖获得者杨振宁说过:"科学之美是一种客观的美,无我的美,换言之,这种美不因人类的存在才存在。而艺术之美则不同,艺术里的美是一种主观的美,有我的美,它是因为人类的存在才存在,并且因为人类的参与而升华的。"

这就是说,包括科学之美在内的现实之美是客观的。当然,它因人的感性认知水平的不同,因人的审美情趣不同而产生巨大差异。

那么,什么是艺术之美?艺术之美是人在感性认知的基础上,感官在现实之美的冲击下,试图再现、复演、提炼与升华现实之美而创生的美。人在不断完善对美的感性认知的基础上,借助音乐、舞蹈、诗歌、绘画等各种形式表达着他们对美的追求,并在这种过程中愉悦自己,不断地提升与进一步完善自己的精神世界。

简而言之,现实之美是人对客观世界感性的认知。随着人类感性认知的深化,这种客观之美也日益彰显。人的感性认知深化的过程,就是审美情趣不断提升的过程。艺术之美则是人们在感性认知不断完善的基础上,不断地创造各种表达形式,提升表达美的精致性与感染力而日益丰富的美,发展着的美,它不会也不可能一成不变。

与现实之美一样,对艺术之美的欣赏也依赖于人的审美情趣。所以,学校美育的重要任务就是要提升学生对现实美与艺术美的审美情趣,提高他们创造美的能力。

如前所述,为了发展科学与技术,西方各国都非常重视 STEM 课程,重视在教学过程中的探究性与实践性。然而,随着 STEM 课程概念的提出与发展,各国教育家与科学家开始认识到,艺术才是科学发现与科学家灵感的源泉。前面我们提到过的,古希腊毕达哥拉斯学派的信念是万物皆数,这一灵感正是受到音乐的启发才得到的。认识到艺术的重要性之后，STEM 被扩充为 STEAM，在其中增加了 Art&Design，即艺术与设计，由此形成了目前人们所看到的 STEAM 课程体系。艺术在人的生存与发展中有着独特的地位，也是人类探究自然灵感的源泉。

1.2 美育与全面发展

在我国近现代教育史上第一位把美感教育列入教育方针的当属蔡元培。蔡元培为中华民国首任教育总长，1916 年 12 月 26 日，受命出任北京大学校长。在任教育总长期间，他发表的《对于教育方针之意见》一文首先提出了"军国民教育、实利主义教育、公民道德教育、世界观教育和美感教育"的"五育并举"的主张。关于美感教育，他强调："美感者，合美丽与尊严而言之，介于现象与实体世界，而为之津梁。……故教育家欲由现象世界而引以达到实体世界之观念，不可不用美感之教育。"他又进一步阐述道："以教育界之分三者衡之，军国民主义为体育，实利主义为智育，公民道德及美育皆毗于德育，而世界观则统三者而一之。"他认为，美育是自由的、进步的、普及的。民国教育应以"养成共和国民健全之人格"为目标。在他看来，健全人格的养成需要通过实施体育、智育、德育、世界观教育来实现。

当然，蔡元培关于"现象世界"与"实体世界"等方面的论述，学界也有争议，但其"五育并举"的观点至今很有启示意义。

中华人民共和国成立以来，党和国家高度重视美育。早在 1952 年 3 月 18 日中央人民政府教育部颁发的《中学暂行规程（草案）》和《小学暂行规程（草案）》就提出："应对学生实施智育、德育、体育、美育等全面发展的教育。"

之后，党的历次代表大会都重申了"培养德智体美全面发展的社会主义建设者和接班人"和"培养德智体美劳全面发展的社会主义建设者和接班人"这一方针。

为全面贯彻党的教育方针，多年来，我国基础教育改革的一批先行者积极探索全面实施素质教育之路，创造了一批富有启示意义的素质教育模式。其中，唐山市开滦一中校长张丽钧说，教育工作者要"做一个美的'布道者'。懂得教育之美，理解教育之美，并执着于教育之美。追求美的教育就是要以对教育美的理解，实现教育对美的追求；以教育对美的追求，丰富与完善教育之美"。[①] 这一见解给人们留下深刻的印象。

---

① 陈玉琨.教育：培育美好人性［M］.上海：华东师范大学出版社，2012.

1.3　艺术探究的价值

美育既是全面发展教育的重要组成部分,也是促进人的全面发展的重要手段,它有着重要的教育价值。

(1) 以美育德

苏联教育家苏霍姆林斯基(Василий Александрович Сухомлинский, 1918—1970)谈到美和美育时说:"美是人的道德财富的源泉。……学校的任务就是要在孩提时期,在神经系统幼年期,使美成为德育的有力手段,成为真正人性的源泉。"这深刻地揭示了美与德的关系,揭示了学校美育的重要价值。这对我们学校按照美的原则推进学校美育有很大的启示意义。

(2) 以美益智

世界是按照美的规律构建的,所以把握了美的规律在很大程度上就把握了真的规律。对美的理解会极大地帮助人们理解这个世界。不少伟人的科学家正是出于对美的追求与哲学信念才坚定不移地追求着对真的发现的。

统一场论(Unified Field Theory)是从相互作用是由场(或场的量子)来传递的观念出发,统一地描述和揭示基本相互作用的共同本质和内在联系的物理理论。迄今人类所知的各种物理现象所表现的相互作用,都可归结为 4 种基本相互作用,即强相互作用、电磁相互作用、弱相互作用和引力相互作用。基于对物质世界的统一和谐的美学信念和竭力探求事物内在本性的顽强欲望,爱因斯坦把他后半生的精力献给了这一事业。在他这一深刻思想的影响下,统一场论已成为当今物理学的重要研究方向之一。在我国各级各类学校中,有些学校关注创新拔尖人才的培养,却忽视美育对学生启智的价值,这是令人感到非常遗憾的。

(3) 以美健体

追求美,已经成了今天摆脱物质贫困以后,校园里青少年学生主要的生活方式之一,因而也成了校园内学生开展艺术活动的重要动力。学校要充分利用学生的这一心理,引导学生开展各类有利于身心健康的艺术与体育活动,给学生一个健康、美丽的人生。

1.4　艺术探究的任务

艺术探究的任务大体上可以分为两类:造就学生欣赏美的眼光与提升学生创造美的能力。

（1）造就学生欣赏美的眼光

罗丹说过，世界上不缺少美，缺少的是发现美的眼睛。生成一副发现美的眼睛就需要教育，需要培养。

现实美和艺术美，广泛存在于自然、社会乃至学校之中，如何去探究现实美的特征？如何去研究艺术美的内涵？对这两个问题的深入思考对于深化学校的美育，相信会有重要的意义。

造就学生欣赏美的眼光，首先在于意义的赋予。"爱就开心"，这是镇江外国语中学原校长，现任浙江省衢江杭州育才中学校长潘晓芙对英语"Education"一词的中文翻译。这一译法是音译还是意译？回答是兼而有之。"爱就开心"看起来是对"Education"的音译，然而，这又反映了这位女性校长对教育的深刻理解。教育是一项需要"爱"、充满"爱"与传递"爱"的事业。当且仅当学校师生"爱就开心"的时候，教育才能真正地发生。一所学校的校园里到处洋溢着充满人性的"师生之爱"，洋溢着教师对学生的"仁者之爱"，洋溢着学生对教师的学问与人格的"敬畏之爱"，也就是"敬爱"，无疑，这样的学校是最美的。育人的真谛就是让师生懂得爱、珍惜爱，在师生互敬互爱中实现"零障碍"的知识传播、智慧传承与人格升华。"爱就开心"把教育价值赋予校园里师生的互敬与互爱，使师生对爱的感性认知得到完善，美的教育与教育之美得到充分彰显。

造就学生欣赏美的眼光，其次在于特色的发现。从美学的原则来说，与众不同、奇特的事物，容易使人产生美感，这也是人们感受美的另一个重要原则。如果千篇一律，则没有美感。美不可能是千篇一律的，美一定是独特的。所以，想要造就学生欣赏美的眼光，就要培养学生发现事物的特色，发现它们与众不同的地方的能力。拿学校来说，各所学校在办学的过程当中，都可以办成"最美"的学校。问题在于每所学校都要办出自己的特色，形成自己的特点，使自己在学校的竞争发展过程中，显现出自己独特的美。

造就学生欣赏美的眼光，还在于懂得和谐。和谐的才是美的，和谐的才是充满德性的。所以，和谐的社会就是美的社会。追求美的社会，是执著于善的社会，是讲究道德的社会，是充满伦理的社会。同样，和谐的校园，也就是追求美的校园、追求善的校园，是追求美和善统一的校园。

由此，教育工作者在重视自然与社会物质之美"有形的一面"的同时，千万不要忽略"无形的一面"，即人文的校园精神。校园精神，存在于我们教职员工的内心深处,存在于我们师生的精神追求、价值追求之中。不断提升校园精神,是学校能够不断发展的根本。在这个意义上,艺术探究的一项重要任务,就是校园文化的塑造,除了校园、校舍之外,更重要的在于校园精神之建设。按照美的原则,去创造校园精神之美。

与此同时,学校美育应当包括对学生心灵美、语言美、行为美、环境美、仪表与仪态美等多方面的培育。只有通过对学生多方面美的培养,才能切实提高学生审美情趣与创造美的能力,使得"美"扎根于心,外显于行,达到外形与内心的完美统一。

(2) 提升学生创造美的能力

艺术有着多种存在形式,包括音乐、美术、戏曲、舞蹈、文学、建筑、器乐演奏、园林设计等,但凡能给人带来美感的作品,都属于这一范畴。其中音乐、美术、文学与器乐演奏可能是最为普及的。学校可以从自身的条件,比如学校师资力量入手,选择几项进行重点培育,形成学校在艺术教育方面的强项,培养学生在这几方面的欣赏与创作能力。

美的各种艺术表达形式都有其技能与技巧的要求,艺术创作也有自身的规律。讨论各种艺术表达形式的技巧与艺术创作的规律并非本书的任务,因此,本书后续部分只对艺术探究作一般原则的讨论,不涉及具体的艺术形态。

2 艺术探究的组织与指导

清代诗人张宜泉有《题芹溪居士》:"爱将笔墨逞风流,庐结西郊别样幽。门外山川供绘画,堂前花鸟入吟讴。羹调未羡青莲宠,苑召难忘立本羞。借问古来谁得似? 野心应被白云留。"这是一首题在曹雪芹画像上的作品,诗人借着描述曹雪芹的风骨,表达了自己的追求。曹雪芹才华横溢,著有《红楼梦》,该作品百世流芳。大多青年学生对曹雪芹十分仰慕。然而,无论是画家还是作家,在他们成功的背后,人们不知的是他们平时艰辛的努力。"台上一分钟,台下十年功",说的是表演艺术家艰苦积累、探究的过程。事实上,这对任何一行的艺术家同样也是适用的。

对于艺术创作来说,这种积累既在艺术之内,又在艺术之外。在艺术之内的是,自身审美情趣和艺术素养的提升;在艺术之外的是,对生活、对社会、对人性的理解,两者缺一不可。所以,在艺术创作与表演探究活动的过程中,指导教师很有必要时刻提醒学生注意以下几个方面。

第一,体验生活,发掘人性。生活从来就是艺术创作的源泉。关注生活就要关注生活中的人,不断提高对人性的感受力与敏锐性。《红楼梦》以贾、史、王、薛四大家族的兴衰为背景,写尽了当时社会的人生百态。没有曹雪芹对社会各色人物人性的充分理解,就没有可能造就《红楼梦》成为我国古典名著之首的地位。艺术创作需要创作者具备敏锐的感受力,能够感知生活中的各种情感和细节,以及深藏在其背后的人性,并将其转化为艺术作品。艺术创作体现的是人对真善美的追求,只有心中有着对真善美的向往,才能创造出讴歌真善美的作品。发自肺腑,才能直达人心。作品要感动人,首先自己要被感动。虚情假意之下难有催人泪下的作品。艺术像文学一样都是反映人、描述人的。艺术作品应当包含人性的良知,引领人们品味生活的美好,分享人际的善意,欣赏自然的美景,歌颂人类面对困境时不屈的抗争精神。它是指向真的,向往美的,执着于善的。它以真的情感,祈求人际的真情;以善的呼唤,唤醒人心深处沉睡的善意;以美的表达,提升着人类审美能力。人类对真善美的追求勾勒出人类在历史长河中的智慧与勇气。

《二泉映月》作品是20世纪50年代初音乐家杨荫浏先生根据阿炳的演奏,录音记谱后整理而成的。灌制成唱片后很快风靡全国。阿炳人到中年,双目相继失明,再到后来便流落街头卖艺,生活十分贫困。底层的生活让他历尽了人世的艰辛,饱尝了辛酸屈辱。但正是这段经历,才使才艺出众的阿炳得以创作出《二泉映月》这样的作品,并通过它来表达自己的情感。"悲愤出诗人",不得志和身处逆境之经历,才使得其奋发图强,创作出传世名作。

当然,在今天我们无须让学生去身处逆境,但是艺术创作必须要懂得生活,懂得社会。正是在这一意义上,教师要帮助学生深入社会,体验生活,关注人心,发掘人性。努力提高他们区分真和假、鉴别美和丑、分清善和恶的能力,不断提升自己创作的意境,宁静而致远,淡泊而明志,创作出具有时代价值的作品。

第二,提升素养,砥砺品性。艺术创作与表演都是要功力的。无论是音乐、美术、戏曲、舞蹈、雕塑还是建筑,都有自身创作的规律,也有它们本身独有的技巧。努力把握住这些技巧对提升作家的创作水平有很重要的作用。

无论是艺术创作者还是艺术爱好者,不断提升自己的艺术素养显然都是十分重要

的。那么,什么是艺术素养? 在聊天中,"文心一言"说道:

人们常说的"艺术素养"所包含的几个方面:

1. 艺术知识:对不同艺术形式和流派的基本了解和认识,包括绘画、雕塑、音乐、舞蹈、戏剧、电影等各种艺术形式的知识。

2. 艺术技能:掌握一定的艺术表现技巧和手法,包括绘画、唱歌、舞蹈、乐器演奏、戏剧表演等技能。

3. 艺术感知:培养对艺术的敏感性和审美能力,能够感知艺术作品的美的价值,并产生独立的、个性化的审美体验。

4. 艺术创造:具备创新和创造能力,能够通过自己的想象和创作,产生新的艺术作品或贡献新的艺术思想。

5. 艺术情感:能够通过艺术作品表达和交流情感,理解艺术作品中所包含的情感和内涵,并从中获得情感上的满足和升华。

6. 艺术态度:对艺术持有正确的态度,包括尊重艺术、欣赏艺术、追求艺术上的卓越、关注艺术的发展和变化等。

这些方面共同构成了艺术素养的体系,其中艺术知识是基础,艺术技能是实现表现的关键,艺术感知和艺术创造是核心,而艺术情感和艺术态度则是灵魂。

"文心一言"所言很有道理,不过在我们看来,无论是艺术创作人员还是艺术爱好者,都需要具备丰富的文化素养,这样才能了解不同文化背景下的艺术风格和流派,以及各种艺术形式的特点和规律。

此外,与功底相比,社会更关注的是艺术创作者对品性的砥砺,"德艺双馨"是人们对艺术家的要求。被人们称为"乐圣"的贝多芬(Ludwig Van Beethoven, 1770—1827),长得十分平凡,一生屡遇不幸,在其音乐创作几乎达到相当高度时,耳朵又变聋了,这对于一个试图成为大音乐家的人来说,简直是致命的打击。1801 年,贝多芬深深地爱上了裘丽塔·裘吉拉娣。然而,她却与一位伯爵结了婚。贝多芬曾多次想自杀,但他坚强不屈的意志阻止了他对命运的屈服。"我要扼住命运的咽喉",这是贝多芬的自我宣言。正是这一宣言,最终成就了他在不幸命运中感悟人生、在人生挣扎中静观人生、在心灵不断成熟中创造美好人生的辉煌之路。

艺术创作的特点是:入门容易提高难;技巧易学领悟难。艺术创作需要天赋,更需要持之以恒的"感悟"。在走向艺术的途中,锤炼自己的意志几乎成了艺术家的必修课。

艺术就是生活的浓缩与提炼,它有时会把一些生活中的东西做得更纯粹、更极致。

它是美的、纯粹的，是带着创作者个人倾向的。

在提升学生艺术技巧方面，上海戏剧学院附属高级中学开发的系列校本课程很有启示意义。在华东师范大学的慕课平台上，上海市七宝中学李新华老师的国画赏析系列微视频深受学生的欢迎。

第三，夯实功底，提升能力。艺术作品有雅郑之别，也有高下之分。作品的高下之分在于作者的能力。这种能力主要有以下几个方面。

想象力。欣赏美与创作美都需要想象力，2018年国内一所美院自招的一道试题为：失重。失重是一个非常抽象的物理概念，如何用手中的笔和墨把它表现出来，这真的很考验人，考验人的想象力，尤其是联想力。

《蛙声十里出山泉》是齐白石应老舍之请而作的一幅名画，画中不见青蛙，然而，人们却隐约耳闻一片蛙声。想象力就是这样表现出来的。

我国宋代徽宗赵佶在绘画时特别注意构图的立意和意境，在一次朝廷考试时，他出题"踏花归去马蹄香"，让考生作画，一个"香"字就难倒了当时的一批画家。想象力对于艺术作品的创作来说，是其生命力所在。

表现力。不同的艺术作品有其独特的表现方式。发表于百度上的一篇匿名文章《试论文学艺术的表现力》特别强调，语言艺术与其他艺术类型有很大的不同。作者认为，文学艺术不同于其他艺术作品的第一个基本特征便是文学形象塑造（感知）的间接性。……文学形象由语言塑造，而语言并不像其他自然符号，如色彩、线条、声音那样可以让人接受起来更容易、更直接。因为语言是一种人工符号，它是人们为了便于交流而产生的约定俗成的符号，所以当文学作品呈现在读者眼前时，它只是一连串字符，只有具备一定的生活经验以及对语言的意义有一定了解，并对所看到的字符进行解读想象，才能真正理解其所表达的意义。"一千个读者心中有一千个哈姆雷特"，这就是由于文学形象只存在于主体意识之中，不同的内心体验造就了不同的文学形象。这必然造成文学的模糊性。比如《红楼梦》中对林黛玉的描写："两弯似蹙非蹙罥烟眉，一双似泣非泣含露目。态生两靥之愁，娇袭一身之病。泪光点点，娇喘微微。娴静时如娇花照水，行动处似弱柳扶风。心较比干多一窍，病如西子胜三分。"这一段人物形象的描写与达·芬奇的《蒙娜丽莎》所表现的客观直感的形象相比自然显得抽象模糊。但是在这种模糊性中，读者可以感受到生动鲜明的文学形象，所以文学形象的模糊性并不代表它不具体，相反更调动了读者的想象力，使其形象更丰富饱满。

同时，该作者进一步指出，其他艺术形象既存在于主体心中，也存在于客观世界中,比如描绘一幅乡村田野风景图,即使我们可以想象作品中所表现的宁静朴素的主题,但它必然要建立在客观世界的基础之上,也即我们肉眼直接可以观察到的画面——乡村田野。

在美术、舞蹈等艺术形象的表现中,直接地反映着表现对象这一客体,因而要注重学生观察力的培养,细致入微、把握关键特征就显得十分重要。有深刻的观察才有深入的表现。从这一意义来说,观察力是基础,表现力是观察力的外在体现。

感染力。美总是独特的。自然之美就其特征而言,至少有六个方面:雄、奇、险、秀、幽、旷。泰山雄伟,才能给人"会当凌绝顶,一览众山小"的感受;桂林山水奇特,所以才有"甲天下"的美誉;"无限风光在险峰"才会使人产生"越是艰险越往前"的冲动;黄山以其秀美而给人留下深刻印象;苏州园林曲径通幽,令人流连忘返;"风吹草低见牛羊"充分地展现了大自然的魅力。"各美其美"是大自然美的特征,更是各种艺术样式应当有的追求。

抓住各种艺术形式的特点,才能将它的表现力转化为感染力、吸引力,产生大作品,成为艺术家。

迁移力。很多优秀的电影是由文学作品改编的,美术作品往往从诗词那里得到灵感。现代社会,数字技术、人工智能、数字孪生及元宇宙技术的发展为人们进行艺术创作提供了新的工具,提供了在不同形式间相互转化的无限可能。在这些领域努力拓展,无疑可以展开很多新的方向。

第四,自我欣赏,强化激励。艺术是人类精神生活的重要组成部分,然而,随着人工智能的快速发展,如今 ChatGPT 等大模型惊艳问世,这些机器也能写诗、画画、做视频,写小说、服装设计、广告设计更不在话下。所以,依靠艺术谋生已经变得越来越难。

然而,与此同时,随着劳动生产力的提高,人们的闲暇时间也会越来越多。对于普通人来说,艺术不再是大多数人养家糊口的手段,生活的艺术化与艺术化的生活已经成为即将到来的时代的主旋律。在这一时代,艺术将成为人们精神生活的主要追求,成为充实自己人生之必然选择。

在未来已来的这一时代,艺术爱好者和艺术家一样,需要自我欣赏、自我强化,并在此基础上求得艺术素养更快的提升。与此同时,适时邀请教师对作品进行评价也很有必要。成就感始终是学生学习的动力,当然,也是学生从事艺术创作的动力。学校每年组织 1—2 次艺术节,为学生提供展现他们才能的机会,这对他们有着极大的激励作用。相信学校的教师不会吝惜他们的赞语，不会吝惜给自己的学生提供展示才能的舞台。给学生争取与提供恰当的舞台，这也是满足他们成长的需要。

3 时代挑战的应对——艺术化的学习与学习的艺术化

2022年底，随着 ChatGPT 的出现，人们对艺术与设计教育的意义产生了巨大的怀疑，因为 ChatGPT 既能作诗，也能画画。一些自诩"艺术家"的人，怎么也想不通这一行业竟然会被机器取代。可以预见的是：随着 ChatGPT 的广泛应用，大多数艺术与设计行业的从业人员可能会被取代。然而，作为人精神所需的艺术，随着人们闲暇时间的增多，将会为更多的人所追求，成为更多人精神生活的重要组成部分。

有人认为，ChatGPT 也能写诗，它也有诗性。其实不然，ChatGPT 可以写诗，但是它不具有诗性！诗和诗性不是一回事，诗性反映着人性，ChatGPT 可以写一首《送孟浩然之广陵》，但是从 ChatGPT 的诗当中看不出灵魂，看不出情感，你不能从中体会到李白在送别孟浩然时对故人的深情与眷恋。所以在这个意义上，解析一首诗，既要解析它的字词句篇，解析它的语法，解析它的修辞与用典，但是更重要的是体会到人与人之间的情感，一种人际情感的交流与情感的寄托。

用美的教育去培养具有高度审美情趣、创造美的能力的人才。这种人才一定有着对人世间美的追求，能够按照人的审美情趣去建设一个充满着精神追求、人文向往的社会，能够使我们的精神提升到一个新的境界，使整个社会摆脱对功利的过度追求。以美的教育促成美的社会，这是教育工作者义不容辞的责任。

正是在这一背景下，人们提出了艺术化的生活与生活的艺术化这一命题。晨旭成都画意摄影在网上有篇专论《生活艺术化、艺术生活化》，该文特别强调：生活本来就应该有艺术。"艺术源于生活"，柴米油盐酱醋茶和艺术并不冲突。生活需要柴米油盐酱醋茶，生活也需要艺术，我们应该善于去发现、去捕捉、去加以提炼，让美真正融入平常生活，把日常生活中的美丽瞬间定格下来，这才是达到最高境界的艺术。

"生活艺术化"就是对"艺术化的生活"的提炼。生活艺术化是指将一些生活方面的东西用艺术化的手段来表达。把生活中最简单的事做到极致，这就是一种艺术化的

生活。以艺术化手段将生活浓缩，就能够达到"生活艺术化"的再现……①

"艺术化的生活与生活的艺术化"必然要演变为"艺术化的人生与人生的艺术化"，而在中小学生学习的这一阶段，就成为"艺术化的学习与学习的艺术化"。

3.1 艺术化的学习

艺术化的学习理所应当包含学习理念的艺术化、学习内容的艺术化与学习效果处理的艺术化。

首先，就学习的理念而言，学生要逐步接受与养成这样的理念：与机器共存，美人更美己；取他人之长，悦人又悦己；给自己颁奖，胜人也胜己。

与机器共存，美人更美己。 人工智能的存在与发展已是不以我们个别人的意志而转移的客观事实。不过人们不会也没有必要为它而放弃什么。无论是文学作品还是艺术创作，都是人精神生活的组成部分，是人提升自己精神生活品质的重要途径。李世石不会因为败于阿尔法狗而放弃自己的职业生涯，今天在围棋补习学校的小孩也照常在上学。变化的只是 AI 已经成为老师，在给职业围棋高手下指导棋，在围棋补习学校的学生很少再以成为职业棋手为学习的目标，而是以提高自己的思维能力，让享受下棋过程的愉悦成为自己下棋活动的出发点。

在学习中，学会与机器共存，向机器学习，有助于更快地提高自己。美人之美，美"机"之美，人机互动，美美与共，这种学习一定是享受的学习，愉悦的学习。同学何乐而不为？

取他人之长，悦人又悦己。 古人说三人行必有我师，我们生活的集体中，有众多的他人。学会为他人鼓掌，从容自在地学习他人，他人乐，我更乐。作为艺术化的学习，就是你好我也好的学习，是你乐我乐的学习。成为别人眼中的"塑料同学"，学习过程必然是你不好过，他更难受的学习，这种学习毫无美感可言。

欣赏与学习同学的每一点长处，集所有同学之长，你就会变得更加优秀。同学高兴，你也得到长足的发展，这应当成为所有学生共同的追求。

给自己颁奖，胜人也胜己。 给自己颁奖就是要学会欣赏自己的每一点进步，每一点成绩。强化是进步之源，成功是成功之母。欣赏自己是"成就最好的自己"最有效的途径。每天都有新的起点，而不是每天都在原地踏步，就能自己胜过自己。同时，这也

---

① 晨旭成都画意摄影. 生活艺术化、艺术生活化[EB/OL]. (2019 - 06 - 06)[2023 - 03 - 16]. https://baijiahao. baidu. com/s?id=16354657675830253 20&wfr=spider&for=pc.

会带动别人。

当然，给自己颁奖并不是无原则地迁就，而是针对当下学生所面临的心理问题提出的举措。以艺术的手段去解决学生的心理问题可能会取得意想不到的效果，值得学校与教师尝试。

学习是艺术，学习要讲究艺术，艺术化的学习才能成就艺术化的人生。

其次，就学习内容而言，任何学科都有美的元素。发现学科中美的元素，对于学生激发学习兴趣很有意义。

美的教育作为一种教育的样态，一定不能局限于文学艺术的范围，其实理科课程也有着更多美的元素。学校要通过对这些学科美的元素的挖掘来培育学生发现美的眼睛。只有把握住了这些学科，尤其是自然科学学科背后的美，才能成就教育之美。进而，以教育之美成就美的教育。在这个过程当中，不管是文科还是理科，都要善于以事引思，从一个事件、一篇文章引出教师与学生的思考，让他们了解事物背后的底层逻辑，能够更深入地把握事物的本质，从而使思维达到一个新的高度。在这个过程当中，学生想象力的培养至关重要，在这个意义上我们还有很长的路要走，任重而道远。

比如，数阵是师生最熟悉的图形了，由 0—99 这 100 个数字组成一个方阵。如图 8.1 所示，在这一方阵中人们能发现什么？如果什么也没发现，这说明我们少了点对数字的理解，少了点发现数学之美的能力。

下面我们再来看看，0—99 这 100 个自然数在十进制下的情况。

按照自然数顺序排列 0—99，就能得到图 8.1。

0	01	02	03	04	05	06	07	08	09
10	11	12	13	14	15	16	17	18	19
20	21	22	23	24	25	26	27	28	29
30	31	32	33	34	35	36	37	38	39
40	41	42	43	44	45	46	47	48	49
50	51	52	53	54	55	56	57	58	59
60	61	62	63	64	65	66	67	68	69
70	71	72	73	74	75	76	77	78	79
80	81	82	83	84	85	86	87	88	89
90	91	92	93	94	95	96	97	98	99

图 8.1　十进制下 0—99 的数字方阵

如果将该图围绕中心点旋转180°,然后再将两图相同位置的数相加,我们将得到所有数据都为99的一张图。

更令人惊艳的是:如果我们将图8.1围绕中心点(图中已用黑点表示)旋转45°,将1表示为01,将2表示为02,余类推,即可得到图8.2,不难发现该图围绕中轴成镜像对称,具有极高的审美价值。当然,这对同学理解数字之间的关系也很有帮助。

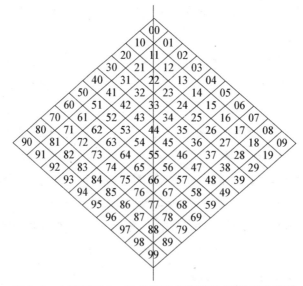

图8.2 十进制下0—99的数字方阵旋转45°的对称图示

这种数学之美,在很多情况下并不是一眼就能看穿的,它需要我们对数的理解,也就是对客观世界的理解。

下面我们再以8阶数字方阵为例说明自然数方阵的对称性。

0	01	02	03	04	05	06	07
8	9	10	11	12	13	14	15
16	17	18	19	20	21	22	23
24	25	26	27	28	29	30	31
32	33	34	35	36	37	38	39
40	41	42	43	44	45	46	47
48	49	50	51	52	53	54	55
56	57	58	59	60	61	62	63

图8.3 十进制下0—63的数字方阵

图 8.3 为十进制下 0—63 的数字表示,如果我们把它围绕中心点做 180° 旋转,两图相同位置的数相加,将得到所有元素均为 63 的结果。

如果我们将上图改为八进制数系下 0—63 的表示,即可得到图 8.4。

0, 0	0, 1	0, 2	0, 3	0, 4	0, 5	0, 6	0, 7
1, 0	1, 1	1, 2	1, 3	1, 4	1, 5	1, 6	1, 7
2, 0	2, 1	2, 2	2, 3	2, 4	2, 5	2, 6	2, 7
3, 0	3, 1	3, 2	3, 3	3, 4	3, 5	3, 6	3, 7
4, 0	4, 1	4, 2	4, 3	4, 4	4, 5	4, 6	4, 7
5, 0	5, 1	5, 2	5, 3	5, 4	5, 5	5, 6	5, 7
6, 0	6, 1	6, 2	6, 3	6, 4	6, 5	6, 6	6, 7
7, 0	7, 1	7, 2	7, 3	7, 4	7, 5	7, 6	7, 7

图 8.4　八进制下 0—63 的数字方阵

在八进制下,1 就表示"0,1",其意为该数除以 8,商 0 余 1。当然,63 就是商 7 余 7 了。

同样,如果我们将图 8.4 旋转 45°,就能得到图 8.5,中轴(图中以竖线表示)两边形成了完美的镜像对称图。

图 8.5　八进制下 0—63 的数字方阵旋转 45° 的对称图示

在物理、化学、生物等学科中,这种科学之美到处可见,问题是正在学习这些学科的同学是否具备了发现它的眼睛。

最后,学习效果处理的艺术化。学习效果一般是通过考试成绩得到反映的。有些同学一到考试就会紧张,考试成绩总不如平时成绩,这被称为"考试焦虑症",通过有意识的训练,这种情况是可以大大缓解的。其解决方法,我们把它称为"三心二意对大考"。

所谓"三心",一是走进考场有信心。这是战略上藐视敌人。一场考试也就是做一张试卷而已。不要紧张,充分相信自己。

二是考试中间要细心。试题需要一题一题做,对于一时没有头绪的题,暂时放一边,有把握的题先做。等全部试题做完了,要假设自己前面都做错了,仔细检查。如果时间宽裕,要尽可能地再检查。要知道,没人会因为你提前交卷而给你加分。

三是考完以后要宽心。一场考试考得好固然值得高兴,即使考得不好,也不要放在心上,老是指责自己。不过就是一场考试而已,人生的道路还很长。尤其是在连续考试的情况下,千万别让前面的考试状态影响后续的考试。

所谓"二意",一是考前复习不随意。人们常说,兴趣是最好的老师。作为学生,平时可以根据兴趣爱好调整学习的时间与精力,努力发展自己的个性与特长。可是你一定要清楚,大考,尤其像中考、高考这样的选拔性考试,命题老师绝对不会根据你的兴趣爱好来命题。所以,你要根据各门课程的要求,在考前仔细规划好自己的复习步骤与进程,充分考虑该课程的基本要求与拓展性的要求。

二是考试过程不大意。很多考生一走出考场,就很沮丧地说,那道题我大意了。这一大意很可能是致命的。避免这一情况发生的最好方法就是细心再细心。

在这一阶段,学生最好要形成一份书面的文字材料,时刻提醒自己,针对问题,持之以恒,逐步改进。

"三心二意"是一种应试的艺术,以艺术的方式对待考试,才会取得好成绩。

3.2 学习的艺术化

学习的艺术化就是把学习过程作为艺术创作的素材,最终把学习过程以艺术的形态表现出来。

学习的艺术化要求学生:学会过不一样的每一天,让每一天都充满故事。激扬充满求知欲的脑袋,满足永不满足的好奇心,成就最好自己的成就感。学习是充满艺术的,充满艺术的学习最终要成为艺术,成为让人惊艳的艺术品。

与此同时,学生家长与任课教师要善于捕捉学生学习过程中的每一个精彩瞬间与每一点进步,勤于记录每天发生在校园内的新鲜事,聚沙成塔,回过头来人们会发现,在我们的校园里有那么多美好的"师生的故事",它值得我们用艺术作品去讴歌,去发扬,最终去引领学生的发展。

 艺术创作评估的指标与量表

4.1 艺术创作评估的指标

（1）创作的意识

（2）创作过程

（3）成果的表达

（4）科技手段的运用

（5）成果的迁移

4.2 艺术创作评估的量表

（1）创作的意识

等级	等级描述	关键观察点
A	该生充分理解艺术（音乐、美术、舞蹈等）的意义与价值,热爱艺术,对艺术创作有执着的追求,有较强烈的提升自己审美情趣、表现与创作美的欲望。	有较强的艺术（音乐、美术、舞蹈等）创作（评论）激情与冲动,能够通过自身的努力,积极创造机会,提升与表达自己的创作才能。
B	该生热爱艺术,也有一定的提升自己审美情趣、表现与创作美的愿望。	能把握机会,提升与表达自己的创作才能。
C	该生喜欢艺术,也有一定的创作愿望。	喜欢艺术,能根据学校的安排开展艺术创作活动。

（2）创作过程

等级	等级描述	关键观察点
A	该生敏于观察,注重积累,有较强的学习能力,善于从他人作品中吸取养料,不断提高自己在该领域的修养,提升自己创作美的技能与能力。	敏于观察,善于学习,注重积累,在创作过程中各种技能有较大程度的提高。
B	该生有一定的学习能力,能够从他人作品中吸取养料,注重提高自己在该领域的修养,但对观察社会、体验生活不够重视。	注重学习,但对生活的观察与体验不够重视。
C	创作技巧不够娴熟,在该领域较为缺乏积淀。	在同类作品中处在平均水平以下。

（3）成果的表达

等级	等级描述	关键观察点
A	该生表现美的手法不拘一格,想象丰富,含蓄蕴藉,作品(表演)具有较强的冲击力与感染力,受到同学与老师的高度好评。	作品具有冲击力与感染力,总体处在同类作品的前15%。
B	该生的作品(表演)体现了一定的艺术修养,达到了一定的水平。处在同类作品的平均水平之上。	有一定的艺术修养,处在同类作品的平均水平之上。
C	该生的作品(表演)有一定的观赏性,但总体水平处在学生的平均水平之下。	成果处在同类作品的平均水平之下。

（4）科技手段的运用

等级	等级描述	关键观察点
A	该生在创作中,善用现代科技手段,以增强作品的表达与传播面,收到较好效果。	表达的方式恰当,增强了作品的感染力。
B	该生能有意识地运用现代科技以增强作品的表达力;但在实践中效果并不理想。	在实践中效果并不理想。
C	该生对现代科技手段了解不多,也没有意识尝试现代科技,传播手段单一、陈旧、老套。	传播手段单一、陈旧、老套。

（5）成果的迁移

等级	等级描述	关键观察点
A	该生思维活跃,善于触类旁通将成果迁移到其他领域,或将其他领域的成果运用于自己从事的活动。	具有跨不同艺术领域的思维(比如从音乐到舞蹈,从绘画到雕塑),善于将成果迁移到其他领域。
B	该生有一定的迁移意识,但不善触类旁通,迁移效果并不理想。	有一定的跨界迁移意识,但成果不明显。
C	该生缺乏迁移意识,也无成果表明其有跨界表现的能力。	缺乏迁移意识。

仿真恐龙创作

关于艺术的起源,学界有多种不同的观点,其中之一就是"模仿说"。亚里士多德认为:"艺术模仿的对象是实实在在的现实世界,艺术不仅反映事物的外观形态,而且反映事物的内在规律和本质,艺术创作靠模仿能力,而模仿能力是人从孩提时就有的天性和本能。"这一观点成了"模仿说"最初的表达。

不管艺术是从哪里发生与发展的,"模仿能力是人从孩提时就有的天性和本能",这是确定无疑的。为此,本课题要求学生借助于网上收集的恐龙图片,用树枝、杂木、布料等创作一个恐龙模型。本课题适合小学生团队合作,共同创作。

在这一创作过程中,教师要指导学生创作恐龙模型的步骤,即第一步要做什么,第二步做什么,以及每一步需要何种材料,最后要达到怎样的效果。当然,在团队合作的过程中,要明确每一个成员的分工。

可以由多个团队分别创作属于自己模型,最终成型的作品也无须相同,在收集到的图片基础上学生可以充分地发挥自己的想象力,可以通过多种途径查找更多的资料,搭建出风格各异的恐龙模型来。

最终的成品需要配上有关恐龙生物属性与可能的生活习性的介绍。

中国民族乐器的起源、发展与特点

中国民族乐器是由劳动人民在长期历史进程中集体创造、不断积累、发展而形成的,并在广大人民群众中广泛流传,是我国优秀传统文化的重要组成部分。

中国民族乐器分为吹奏乐器、弹拨乐器、打击乐器、拉弦乐器四大类。其中,吹奏乐器包括笙、笛箫、唢呐、葫芦丝等,弹拨乐器包括箜篌、古琴、古筝、琵琶等,拉奏乐器包括马头琴、二胡、京胡、板胡等,打击乐器包括编钟、云锣、鼓、钹等。各类乐器都有自己的特点。不少乐器在历史上都留下过一些代表作。

本课题是一个历史与艺术相结合的探究课题。它要求热爱音乐的同学分成小组,每组选择一类乐器,对其历史起源、发展脉络、时代背景、代表作品与演奏技巧作出探究。

本课题对弘扬中国优秀传统文化有着重要意义,对帮助同学在熟悉民族乐器的基础上,掌握民族乐器的演奏技巧,提高表演能力也有很大助益。

有条件的学校,可在这一基础上组建民族乐队,并将其发展成为学校艺术节的特色项目。

课本剧创作

课本剧是一种将学生正在学习的课文(包括由课文延伸的课外阅读材料)改编为小型戏剧的表演形式。它要求学生在深刻理解课文所表达的意境、喜怒哀乐等情绪的基础上,将其改编为其他艺术形式的活动。它是对原作品的再创作。通常,它的原材料来自语文、外语与历史。

课本剧以学生正在学习的课文为基础,可以大大提升学生对课文的理解,通过改编可以极大地提升学生在不同艺术形态方面的迁移能力,同时,也能帮助学生掌握舞台艺术创作的基本技能。

话剧,是课本剧再创作最常用的形式。将古诗词改编为舞蹈很受中小学生的欢迎。课本剧表演可以充分调动学生学习的积极性,有力地促进学生的主体参与、合作学习、整体发展,是全面提高学生语文素养的有效途径之一。

剧本是课本剧改编的灵魂,在很大程度上决定了课本剧的水平与质量。

下面为"文心一言"对课本剧剧本设计的建议。

课本剧主要包括以下元素:

题目:这是课本剧的主题,也是其核心。

人物:这是课本剧中的人物设定,包括主要角色和次要角色。

时间:这通常是指课本剧故事发生的时间,有时也可以指特定的时间段,如早晨、晚上等。

地点:这指的是故事发生的具体环境或场景,如学校、家庭、城市等。

道具:这是课本剧中需要的道具或物品,如椅子、桌子、书籍、武器等。

背景:这通常是指对故事发生环境的描述,包括室内或室外的环境、天气、气氛等。

幕名:这是每一幕的标题,用以概括该幕的主题或情节。

正文:这是剧本的主体部分,包含了人物的对白、动作以及场景的转换等。

以上是课本剧的一般元素,但具体的剧本可能会有所不同,可以根据具体需要进行调整和修改。

同时,"文心一言"也给出了一个课本剧的实例。

剧名:《少年闰土》

背景:清朝末期,社会动荡不安,人民生活困苦。在这个时期,出现了一个少年英雄——闰土。

第一幕:闰土的成长

开场:一个贫苦的农民家庭,母亲正在为一家人的生计而发愁。突然,一个少年闯入了他们的生活。

对白:

母亲:"你是谁? 怎么跑到这里来了?"

闰土:"阿姨,我是闰土,从城里来的。"

母亲:"城里? 你一个小孩子怎么跑到这里来了?"

第二幕:闰土的冒险与挑战

场景转换:闰土遇到了当地的恶霸,恶霸试图欺负他们。

对白:

恶霸:"你们这些穷鬼,今天就要给我交出钱来!"

闰土:"我们没有钱!"

恶霸:"那就给我交出粮食!"

第三幕:闰土的智慧与勇气

场景转换:闰土想出了一个办法,成功地赶走了恶霸。

对白:

闰土:"我知道我们没有钱和粮食,但我们有智慧和勇气!"

恶霸:"你一个小孩子能有什么智慧和勇气?"

闰土:"你看,这个石头像不像一个锤子? 我们可以用来砸你!"

第四幕:闰土的胜利与离别

场景转换:闰土成功地用石头锤子击败了恶霸,村民们欢呼庆祝。但此时,一个陌生人走了过来,向闰土提出了一个重要的请求。

对白:

陌生人:"小朋友,你的勇气和智慧让我很佩服。我有一件重要的事情需要你去做。"

闰土："我愿意去。"

母亲："闰土,你要去哪里? 你要离开我们吗?"

闰土："妈妈,我要去完成一项重要的任务。我会回来的。"

以上是一个简单的课本剧故事情节示例,可以根据需要进行修改和调整。

在一般情况下,设计课本剧需要把握以下几个环节。

选择合适的课文:首先需要选择一篇适合改编为课本剧的课文,最好具有戏剧性的故事或情节,能够吸引学生的兴趣。

人物设定:根据剧本中的人物特点,设计出主要角色和次要角色,以及他们的性格特点、外貌特征等。

场景设计:根据剧本中的情节和背景,设计出合适的场景,包括室内或室外环境、天气、气氛等。

道具准备:根据场景设计和剧本需要,准备必要的道具或物品,如椅子、桌子、书籍、武器等。

排练剧本:根据剧本内容,组织学生进行排练,包括对白、动作以及场景的转换等。

服装和化妆:根据人物设定和场景设计,准备合适的服装和化妆用品,为演员们打造出符合剧本特点的形象。

音效和灯光:为了增强演出效果,可以加入合适的音效和灯光效果,如背景音乐、特效声音等。

演出和评价:完成排练后,进行正式的演出,并根据观众的反应和评价,对剧本和表演进行必要的调整与改进。

建议中小学在语文、外语与历史等课程中,选取系列课文,组织学生创作课本剧,以增强学生学习的兴趣,加深学生对相关课程的理解,提高学生的艺术创作能力。

社会主义核心价值观的艺术表现

将抽象的概念以艺术的形式加以表现,这是非常需要想象力的。如前所述,宋代设翰林图画院,并用考画来取仕。有一年,考画的内容是"踏花归去马蹄香","花""归去""马蹄"都好表现,唯有"香"是无形的东西,很难在画面上呈现,这就需要考生们动一动脑筋了。有的人画的是骑马人踏春归来,手里捏着一枝花;有的人在马蹄上画了

图 8.6 社会主义核心价值观宣传画

几片花瓣,但都表现不出"香"字来。得第一名的画构思得很巧妙:几只蝴蝶飞舞在奔走的马蹄周围。这形象地表现了踏花归去,马蹄还留有浓郁的馨香。

本课题需要学生从社会主义核心价值观中选取一两个专题深入研究,然后以艺术的方式予以表现。

华东师范大学慕课研究中心的"华师慕课"平台上有上海市七宝中学李新华老师的"国画赏析"专题片,可供学生参考。

艺术创作与废旧物品的利用

图 8.7 为郑州一中学生利用废旧报纸与各种生活废弃材料创作的一件时装,时尚而不失庄重。在我国中小学,利用各种废旧材料来装饰人们生活的空间,已经成为学生的一大爱好。保护他们的创作热情,鼓励他们把这一活动看作学校生活的重要组成部分,是一件很有意义的工作。

本课题要求学生利用废旧物品去创作一项艺术作品,并在创作过程中随时写下自己创作过程的心得与体会。最后,连同作品一起加以陈列、展览。

图 8.7 用废旧报纸与生活废弃材料创作的时装